Aku Melihat Api dari Surga

Dari Jihad ke Yesus - Kesetiaan di Bawah Tekanan

Seri Renungan 40 Hari | Buku 3

Oleh

Nabi Isa El- Buba ; Zacharias Dewa Laut
;
Saya . MO Ogbe ;
C . Nyonya Ogbe ;

Table of Contents

HAK CIPTA © HALAMAN

Aku Melihat Api dari Surga
Dari Jihad ke Yesus - Kesetiaan di Bawah Tekanan
Surat-surat Hidup – Seri Renungan 40 Hari | Buku 3

PENULIS
Nabi Isa El- Buba
Zacharias Godseagle
Duta Besar Senin O. Ogbe
Comfort Ladi Ogbe

PENERBIT
Zacharias Godseagle dan Pelayanan
Godseagle Diterbitkan oleh: **Zacharias Godseagle**
Hubungi kami di https://www.otakada.org
ambassador@otakada.org
Telp/SMS +13024922440;
WhatsApp +2348032835348

PENAFIAN

Buku ini menyajikan kesaksian, perjalanan pelayanan, dan pengalaman spiritual Nabi Isa El- Buba yang didokumentasikan sebagaimana dibagikan secara publik dalam wawancara, khotbah, dan catatan pelayanan. Meskipun hidupnya berisi pertemuan dramatis, kisah penganiayaan, dan klaim supranatural, karya ini tidak mengkanonisasi seorang individu atau mengangkat kepribadian manusia mana pun sebagai standar kebenaran.

Hanya Kitab Suci yang tetap menjadi otoritas tertinggi untuk iman dan perilaku.

Apabila ada kehidupan, praktik pelayanan, atau keputusan pribadi yang menyimpang dari ajaran Alkitab, penyimpangan tersebut tidak didukung atau dibenarkan oleh publikasi ini.

Tujuan kami bukanlah untuk memperbesar kesalahan, membela kepribadian, atau mempromosikan pemujaan pahlawan.

Karya ini mengarahkan pembaca kepada Kristus — bukan kepada seorang manusia.

Buku ini menekankan transformasi melalui kesetiaan kepada Yesus Kristus, kekudusan yang disiplin, ketaatan kepada Kitab Suci, dan ketekunan yang setia. Kehidupan setiap hamba Tuhan hanya disajikan sejauh itu menggambarkan penyerahan diri, ketekunan, pertobatan, disiplin rohani, dan kesetiaan perjanjian.

Pembaca diimbau untuk:

• Uji segala sesuatu berdasarkan Kitab Suci

• Berpegang teguh pada apa yang baik • Tolak apa yang bertentangan dengan Firman Tuhan • Kejar Kristus di atas segala pribadi

Tujuan dari *I Saw Fire from Heaven* bukanlah kekaguman, melainkan pembentukan.

Bukan kegembiraan, melainkan pengabdian.

Bukan peningkatan kepribadian, tetapi transformasi yang berpusat pada Kristus.

Surga bersukacita atas orang yang bertobat dan hidup dengan setia.
Semoga orang itu adalah kamu.

PEMBERITAHUAN AYAT ALKITAB

Kecuali dinyatakan lain, kutipan Kitab Suci diambil dari terjemahan bahasa Inggris yang umum digunakan. Penekanan telah ditambahkan di beberapa tempat untuk kejelasan dan fokus renungan.

INFORMASI PENCETAKAN

Dicetak di Amerika Serikat
Edisi Pertama

TENTANG BUKU – Aku Melihat Api dari Surga

Dari Jihad ke Yesus - Kesetiaan di Bawah Tekanan

Surat-surat Hidup – Seri Renungan 40 Hari | Buku 3

Apa yang terjadi ketika api turun dari langit — dan hanya satu hati yang bertobat?

Ini adalah Buku 3 dalam *Seri Renungan 40 Hari Surat-surat Hidup* , sebuah koleksi transformatif yang dirancang bukan untuk membangkitkan emosi, tetapi untuk membentuk orang percaya yang disiplin dan terikat perjanjian.

Terlahir dalam didikan Islam yang ketat dan dididik di bawah otoritas agama yang dihormati, Kehidupan **Nabi Isa El-Buba** dibentuk oleh disiplin, keyakinan, dan kesetiaan yang diwarisi. Gurunya mengajarinya secara mendalam — termasuk praktik spiritual dan pengabdian yang intens.
Lalu semuanya ter disrupted.
Dia melihat api menyambar mentornya dari surga.
Dia diperlihatkan neraka. Dia melihat surga — kota emas dengan bobot abadi. Dia selamat dari upaya pembunuhan. Peluru menembus tubuhnya. Logam menghantam tengkoraknya. Dia dianggap mati — namun diawetkan. Seorang presiden mengatur evakuasi medis. Dokter memastikan: tidak ada kerusakan permanen.
Namun pertempuran terbesar bukanlah pertempuran fisik. Itu adalah kesetiaan.
Kekecewaan terhadap kemunafikan hampir membuatnya mundur — sampai suatu pertemuan penting mengubah segalanya:
"Kita sudah melangkah terlalu jauh. Sudah terlambat untuk mundur."

Ini Bukan Sekadar Kesaksian.
Ini adalah sebuah perjalanan pembentukan karakter.
Disusun sebagai Jalur Disiplin Strategis 40 Hari, buku ini memandu pembaca melalui:

- Menetapkan kesetiaan eksklusif
- Membangun kembali struktur spiritual
- Menghadapi kemunafikan
- Menanggung penganiayaan
- Menjaga kesucian
- Hidup secara strategis di lingkungan yang terpecah-pecah
- Perjanjian penyegelan
- Menerima tugas ilahi

Bagian I menyajikan narasi tentang kebakaran, penganiayaan, pelestarian, dan penugasan.

Bagian II memandu Anda melalui proses transformasi 40 hari yang disiplin sehingga Anda tidak hanya membaca ceritanya — tetapi juga menjalani perubahan tersebut.

Buku ini tidak mengejek Islam.
Buku ini tidak mengagungkan kekerasan. Buku ini tidak melebih-lebihkan pengalaman.
Ajaran ini mengajak umat beriman untuk menjalani kekristenan yang serius dan terstruktur.
Surga tidak mengukur banyak orang.
Surga bersukacita atas satu orang.
Jadilah orang itu.
Teruskan saja.

Buku ini Ditujukan Untuk Siapa?

Buku ini ditulis untuk:

Umat Kristen yang mendambakan disiplin yang lebih dalam, iman yang otentik, dan kehidupan yang mencerminkan Kitab Suci di luar sekadar kinerja.
Pembaca berlatar belakang Muslim yang mencari eksplorasi jujur tentang pengalaman spiritual, keyakinan, dan kesetiaan.
Audiens lintas agama yang tertarik dengan kisah nyata tentang keyakinan, transformasi, dan transisi keagamaan.
Para pencari pembentukan spiritual yang menginginkan pertumbuhan terstruktur, disiplin harian, dan ketaatan praktis.
Mereka yang mencari makna — yang merasakan beban kepercayaan warisan, konflik batin, atau pertanyaan spiritual yang belum terjawab.

Jika Anda pernah bergumul dengan loyalitas, identitas, keyakinan, atau tujuan hidup, buku ini berbicara langsung kepada Anda.
Ini bukan sekadar kisah pertobatan.
Ini adalah perjalanan kesetiaan.

Dan itu mengajukan satu pertanyaan:
Kamu milik siapa?

Surat-surat Hidup – Seri Renungan 40 Hari
Seri *Surat-Surat Hidup* tidak hanya ditulis untuk tujuan inspirasi semata.
Ini ditulis untuk tujuan pembentukan.
Di setiap generasi, ada orang-orang percaya yang mengasihi Tuhan dengan tulus—tetapi kurang memiliki struktur. Gairah tanpa disiplin akan memudar. Pengalaman tanpa ketekunan akan runtuh. Kesetiaan tanpa perjanjian akan terombang-ambing.
Serial ini dirancang untuk mengatasi kelemahan tersebut.
Setiap buku dalam koleksi Living Epistles mengikuti struktur dua bagian:

Bagian I – Kisah Nyata tentang Kesetiaan yang Diuji
Sebuah kisah nyata di mana iman diuji, dihadapi, dimurnikan, dan dibuktikan di bawah tekanan.

Bagian II – Perjalanan Pembentukan Strategis 40 Hari
Sebuah jalur terarah yang terdiri dari pengabdian terstruktur, refleksi, pertobatan, doa, disiplin, dan aktivasi — dirancang untuk menghasilkan transformasi, bukan kekaguman.
Ini bukanlah Kekristenan yang asal-asalan.
Ini adalah kesetiaan terstruktur.

Setiap jilid membahas dimensi pembentukan spiritual yang berbeda:

- Identitas yang mapan
- Ketahanan di bawah tekanan
- Kesucian sebagai perlindungan
- Pengaruh strategis
- Komitmen perjanjian
- Komisi dan warisan

Tujuannya sederhana:

Untuk menghasilkan orang-orang percaya yang bukan hanya pendengar, tetapi juga surat-surat yang hidup.

Shalom!

Zacharias Dewa Laut ; Amb MO Ogbe ; C.Ladi Ogbe
Pelayanan Elang Tuhan
https://www.otakada.org
ambassador@otakada.org

RINGKASAN SAMPUL BELAKANG BUKU BERSAMPUL TIPIS

Dia melihat api turun dari langit...

Terlahir dalam didikan Islam yang ketat dan dididik di bawah otoritas agama yang dihormati, kehidupan **Nabi Isa Al-Buba** dibentuk oleh disiplin, keyakinan, dan kesetiaan yang diwarisi. Gurunya mengajarinya secara mendalam — termasuk praktik spiritual dan pengabdian yang mendalam.
Lalu semuanya ter disrupted.
Dia melihat api menyambar mentornya dari surga.
Ia diperlihatkan neraka.
Ia melihat sekilas kota emas surga. Ia selamat dari upaya pembunuhan. Peluru menembus tubuhnya. Ia dianggap mati — namun jasadnya terawetkan. Seorang presiden mengatur evakuasi medis. Dokter memastikan: tidak ada kerusakan permanen.
Namun pertempuran terbesar bukanlah pertempuran fisik.
Itu adalah kesetiaan.
Dalam *I Saw Fire from Heaven* , Buku 3 dari **Seri Renungan 40 Hari Surat-surat Hidup** , perjalanan Isa El- Buba dari pembentukan Islam militan menuju Kekristenan perjanjian menjadi lebih dari sekadar kesaksian — itu menjadi sebuah konfrontasi.
Bagian I menyajikan narasi mentah tentang kebakaran, penganiayaan, dan pelestarian.
Bagian II akan membimbing Anda melalui perjalanan pembentukan terstruktur selama 40 hari yang dirancang untuk menghasilkan iman yang disiplin, kudus, dan teguh.
Surga bersukacita atas satu orang.

Jadilah orang itu.
Teruskan saja.

DEDIKASI

Untuk para pembaca Kristen
Untuk pembaca yang berlatar belakang Muslim.
Untuk khalayak lintas agama
Kepada para pembaca yang tertarik pada pembentukan spiritual
Bagi mereka yang tersesat dalam pencarian makna
Kepada mereka yang memilih kesetiaan meskipun harus membayar mahal.
Untuk para ibu yang berdoa dalam diam di bawah tekanan.
Kepada orang-orang beriman yang bertahan tanpa tepuk tangan.
Untuk dia yang berdiri sendirian ketika langit berguncang.
Semoga perjanjianmu tetap tidak dilanggar.

UCAPAN TERIMA KASIH

Karya ini berlandaskan pada kesaksian langsung, wawancara yang didokumentasikan, khotbah publik, dan refleksi teologis yang terstruktur. Karya ini mengambil sumber dari kisah-kisah langsung yang dibagikan oleh Nabi Isa El- Buba , khususnya wawancara yang direkam dan dirilis oleh **PrayerStormTV** , yang tersedia di:

https://youtu.be/2oo8tvizyZA

Prayer Storm adalah sebuah gerakan penyembahan, doa, dan puasa yang bertujuan untuk membangkitkan kesadaran spiritual dengan membina sekelompok pejuang doa. Melalui pertemuan-pertemuan yang berpusat pada perjumpaan ilahi, Prayer Storm memperlengkapi orang percaya untuk bertumbuh dalam semangat, disiplin, dan doa syafaat yang strategis.

Situs web: http://www.prayerstorm.org
Twitter: @PrayerStormUK Instagram: @PrayerStorm
Facebook: http://www.facebook.com/prayerstorm

Kami mengucapkan terima kasih kepada PrayerStormTV karena telah melestarikan dan menyiarkan kesaksian ini dalam bentuk yang telah menjangkau ribuan orang di seluruh dunia, dan karena telah menyediakan titik referensi terdokumentasi untuk banyak elemen naratif yang terdapat dalam buku ini.

Ucapan terima kasih tambahan juga disampaikan kepada sumber daring dan pelayanan lainnya di mana sebagian dari kesaksian tersebut direkam, disusun ulang, dan dibagikan secara publik untuk pencerahan.
Kami menyadari:

• Anggota keluarga yang kehidupannya mencerminkan ketegangan dan kasih karunia di tengah perbedaan agama.
• Seorang ibu yang kehidupan doanya mengubah suasana sebelum konfrontasi dimulai.
• Seorang kakak laki-laki yang pengalamannya di bawah ancaman mengubah arah spiritual sebuah keluarga.
• Seorang ayah yang pergumulan batinnya mewakili pertempuran diam-diam akan keyakinan dalam tradisi. • Para pemimpin dan sahabat yang setia yang tetap teguh melalui penganiayaan dan perlindungan. • Komunitas Evangelical Biblical Outreach Ministries International (EBOMI), yang seruannya untuk membangkitkan penjaga terus memengaruhi kota dan bangsa. – https://www.ebomi.org

Karya ini tidak bertujuan untuk meninggikan seorang pribadi, tetapi untuk mendokumentasikan perjalanan kesetiaan. Setiap kesaksian yang disertakan di sini disajikan untuk mengarahkan pembaca kepada Kristus—bukan kepada manusia.

Dan akhirnya, rasa terima kasih disampaikan kepada para pembaca yang bersedia melangkah lebih jauh dari sekadar kekaguman menuju pembentukan; lebih jauh dari rasa ingin tahu menuju pengabdian; lebih jauh dari inspirasi menuju ketaatan yang disiplin.
Surga bersukacita atas orang yang menjawab.
Semoga orang itu adalah Anda.

PENGAKUAN PENERBIT

Buku ini diterbitkan sebagai bagian dari **Seri Renungan 40 Hari Surat-surat Hidup** , sebuah inisiatif pemuridan yang bertujuan membentuk orang percaya yang imannya tidak hanya diakui, tetapi juga diwujudkan.

Seri ini dimulai dengan ***St. Agustinus dari Hippo (354–430 M): Dari Hati yang Gelisah Menuju Kehidupan yang Tertulis*** , yang menelusuri perjalanan Agustinus dari pergolakan batin menuju ketaatan yang pasrah. Jilid pertama itu menetapkan keyakinan utama dari karya ini: bahwa Tuhan terus menulis kebenaran-Nya melalui kehidupan yang penuh penyerahan diri, dan bahwa kesaksian pria dan wanita yang setia tetap menjadi pengajaran yang hidup bagi Gereja saat ini.

Volume pertama dalam seri Surat-surat Hidup tersedia di sini: **https://www.amazon.com/ST-AUGUSTINE-HIPPO-354-430-Devotional-ebook/dp/B0GJN8N9XS**

Buku Mere Christianity, Fully Lived melanjutkan visi ini dengan menelaah kehidupan dan pemikiran **CS Lewis** , yang pertobatannya yang enggan dan imannya yang disiplin berbicara dengan sangat kuat kepada pikiran modern. Jika Agustinus mengungkapkan hati yang gelisah, Lewis menghadapi kehendak yang menentang—menyeru orang percaya melampaui kepercayaan menuju ketaatan sehari-hari. CS Lewis (1898-1963) - Kekristenan Sederhana, Dihayati Sepenuhnya: Dari Pikiran yang Enggan Menuju Kehidupan yang Transformed (Surat-surat Hidup - Seri Renungan 40 Hari | Buku 2)

Ebook

https://www.amazon.com/Lewis-1898-1963-Mere-Christianity-Fully-ebook/dp/B0GKQ27F9N

Buku bersampul tipis
https://www.amazon.com/Lewis-1898-1963-Mere-Christianity-Fully/dp/B0GM8YMXC3

Sampul keras

https://www.amazon.com/Lewis-1898-1963-Mere-Christianity-Fully/dp/B0GM8WHXJL

Godseagle Ministries menerbitkan seri Living Epistles dengan mandat yang jelas: untuk mengelola sumber daya yang berpusat pada Alkitab yang memuridkan bangsa-bangsa, memperkuat Gereja, dan memperlengkapi orang percaya untuk hidup secara nyata sebagai duta Kristus. Kami percaya bahwa iman tidak hanya ditopang oleh ide-ide semata, tetapi oleh kehidupan yang dibentuk melalui kebenaran, diuji oleh ketaatan, dan diberdayakan oleh Roh Allah.

Setiap jilid dalam seri ini dipersembahkan dengan penuh doa, dengan harapan bahwa para pembaca tidak hanya belajar dari masa lalu, tetapi juga menanggapi di masa kini—memungkinkan Tuhan untuk terus menulis surat-surat-Nya yang hidup melalui kehidupan biasa yang diserahkan kepada tujuan-Nya.

Kami bersyukur atas setiap pembaca yang memulai perjalanan ini, dengan keyakinan bahwa Tuhan yang sama yang mengubah Agustinus dan Lewis masih bekerja hingga hari ini.

Tanggapan Pembaca & Pemirsa

"Ini bukan sekadar kesaksian—ini adalah seruan untuk Gereja agar sadar. Ini mengungkap kelemahan tanpa menyerang orang."

"Saya belum pernah mendengar seorang mantan jihadis berbicara dengan kejelasan dan disiplin seperti ini tentang kesucian dan struktur. Ini menantang kekristenan saya yang selama ini saya pegang secara sambil lalu."

"Yang paling mengejutkan saya bukanlah kebakaran itu—melainkan kejujurannya tentang hampir kembali karena kemunafikan. Tingkat transparansi seperti itu jarang ditemukan."

"Kisah ini membuat saya mempertanyakan tingkat komitmen saya sendiri. Kita mengatakan kita serius, tetapi apakah kita disiplin?"

"Fakta bahwa dia masih melayani komunitas di mana sebagian besar penerima manfaat adalah Muslim menunjukkan kedewasaan, bukan kepahitan. Itu sangat berarti."

"Ketika dia menceritakan pengalamannya ditembak namun tetap berdiri, saya menyadari bahwa upaya bertahan hidup membawa tanggung jawab. Bertahan hidup bukanlah alasan untuk berpuas diri."

"Bagian tentang melihat surga dan tetap tidak langsung menyerah itu menyadarkan. Wahyu saja tidak mengubahmu."

"Struktur pelatihan 40 hari inilah yang membuatnya berbeda. Ini tidak membuat Anda terinspirasi—ini menuntut respons."

"Ini adalah salah satu kisah perpindahan agama dari Islam yang paling berimbang yang pernah saya temui. Kisahnya tegas, tetapi tidak penuh kebencian."

"Surga bersukacita atas satu orang — kalimat itu saja telah mengubah cara pandang saya terhadap keberhasilan pelayanan."

"Buku ini memiliki bobot yang besar. Buku ini tidak menyorotkan kekerasan atau melebih-lebihkan pengalaman. Buku ini menyerukan iman yang serius dan disiplin."

"Saya mengharapkan kisah pertobatan yang dramatis. Yang saya temukan adalah seruan untuk perjanjian dan kekudusan."

"Penekanan pada disiplin lebih menantang saya daripada mukjizat. Struktur menopang iman."

"Hal itu menantang kemunafikan tanpa menjadi defensif. Kejujuran itulah yang membuatnya dapat dipercaya."

"Ini tidak ditulis untuk membangkitkan semangat massa. Ini ditulis untuk membangun iman para pengikut."

KATA PENGANTAR

Buku ini tidak ditulis untuk membuat Anda terkesan.

Ini ditulis untuk menantangmu.

Kisah yang akan Anda baca ini berisi api, darah, penganiayaan, penglihatan, intervensi nasional, perjumpaan spiritual, dan perlindungan ilahi. Kisah ini memuat ketegangan rumah tangga yang terpecah, keberanian seorang ibu yang berdoa, konflik batin seorang ayah, pengalaman nyaris mati seorang saudara, dan perubahan dramatis hati seorang militan.

Namun ini bukanlah catatan sensasional tentang mukjizat.

Ini adalah studi tentang kesetiaan.

Banyak orang terpesona oleh kisah-kisah pertobatan. Yang lain tertarik oleh pengalaman supranatural. Sebagian tersentuh oleh kisah-kisah penganiayaan. Tetapi ketertarikan tidak sama dengan transformasi. Emosi tidak sama dengan ketahanan. Perjumpaan tidak secara otomatis menghasilkan ketaatan.

Karya ini ditulis dengan cermat dan sengaja untuk menghindari kegembiraan tanpa dasar yang kuat.

Bagian pertama menyajikan narasi—yang diambil dari wawancara, khotbah, dan kesaksian yang tersedia untuk umum. Detail-detailnya dipertahankan bukan untuk mengagungkan seseorang, tetapi untuk menunjukkan apa yang terjadi ketika keyakinan bertabrakan dengan wahyu.

Bagian kedua memberikan apa yang kurang dimiliki oleh sebagian besar kesaksian: struktur.

Empat puluh hari pembinaan rohani yang disiplin. Bukan teori. Bukan refleksi yang samar-samar. Keterlibatan yang terstruktur. Kitab Suci dari Perjanjian Lama dan Perjanjian Baru. Pelajaran. Pertanyaan. Doa. Pernyataan. Tindakan.

Ini disengaja.

Karena cerita dapat menggugah Anda — tetapi strukturlah yang menopang Anda.

Kisah tentang api yang jatuh dari langit, sang mentor yang tertabrak, peluru yang menembus daging tanpa menyebabkan kerusakan fatal, penyelamatan presiden, dan konfirmasi medis tanpa cedera — semua ini tidak disajikan untuk memprovokasi perdebatan atau sensasionalisme. Semua itu dicatat karena merupakan bagian dari kesaksian yang terdokumentasi.

Namun, pertempuran utamanya bukanlah tentang bertahan hidup.

Ini tentang kesetiaan.

Kesetiaan pada iman yang diwariskan.

Kesetiaan pada tradisi. Kesetiaan pada keyakinan. Kesetiaan kepada Kristus.

Inti dari buku ini adalah sebuah pertanyaan yang tidak dapat dihindari:

Ketika wahyu berbenturan dengan warisan — apa yang Anda lakukan?

Karya ini tidak mengklaim kesempurnaan untuk subjeknya. Karya ini tidak mengkanonisasi pengalaman. Kitab Suci tetap menjadi otoritas tertinggi. Di mana pun kehidupan manusia tidak sesuai dengan ajaran Alkitab, Kitab Suci lebih unggul.

Tujuan buku ini tunggal:

Untuk mengarahkan pembaca kepada Kristus — dan untuk mengajak mereka kepada ketaatan yang disiplin dan berdasarkan perjanjian.

Surga bersukacita atas orang yang bertobat,
bukan atas orang banyak yang terkesan oleh tontonan.

Jika bahkan satu pembaca saja yang keluar dari halaman-halaman ini dengan keyakinan yang lebih teguh, kekudusan yang lebih dalam, disiplin yang lebih besar, dan kesetiaan yang tak tergoyahkan kepada Yesus Kristus — maka karya ini telah memenuhi tugasnya.

Bacalah dengan saksama.

Renungkanlah dengan jujur.

Berikan respons dengan penuh kesadaran.

Teruskan saja.

PROLOG

Api Malam Jatuh

Rumah itu tidak sunyi.
Itu sudah dipesan.
Agama di rumah itu bukanlah sesuatu yang biasa saja.
Itu adalah sebuah struktur. Itu adalah sebuah otoritas. Itu adalah warisan yang diwariskan dari ayah kepada anak tanpa negosiasi.
Sang ayah bukanlah pria yang lemah lembut.
Ia disiplin. Saleh. Teliti. Seorang pria yang dibentuk oleh keyakinan dan ketelitian militer.
Di dalam rumah yang sama itu, sesuatu telah berubah.
Dengan tenang.
Sang ibu telah melewati batas.
Tidak ada pengumuman.
Tidak ada pemberontakan. Tidak ada pemutusan hubungan kerja secara publik.
Dia masih memasak.
Masih melayani. Masih menghormati suaminya. Masih tinggal di bawah satu atap yang sama.
Namun kesetiaannya telah berubah.
Dan ketika kesetiaan bergeser, suasana pun berubah — meskipun tidak ada yang berbicara.
Tak lama kemudian, putra sulung mulai bertanya.
Iman bukan lagi warisan.
Iman diuji.
Sang ayah merasakannya sebelum hal itu diumumkan.
Keyakinan terasa seperti pengkhianatan ketika identitas terancam.
Dan suatu hari, ketegangan meningkat menjadi kekerasan.
Sebuah pedang diangkat.
Bukan simbolis.
Baja.
Dibesarkan untuk memukul putranya sendiri.

Namun sebelum pedang itu turun, sang putra sudah tidak lagi berada di tempat yang dituju.
Dia kemudian menceritakan bahwa dia dipindahkan secara fisik — dibawa dari posisi itu ke lokasi lain yang berdekatan.
Pedang itu diayunkan.
Tapi bukan padanya.
Warisan telah terputus.
Namun ini hanyalah permulaan.
Ada seorang mentor.
Seorang imam.
Dihormati. Dipercaya. Membentuk karakter.
Pria yang telah membentuk disiplin, melatih pengabdian, dan memperkenalkannya pada praktik spiritual yang lebih dalam — termasuk pengetahuan tentang kekuatan spiritual dan ritual tersembunyi.
Kesetiaan kepada mentor ini bukanlah sesuatu yang asal-asalan.
Itu terbentuk sejak masa kanak-kanak.
Lalu terjadilah konfrontasi.
Ia kemudian menjelaskannya dengan lugas:
"Aku melihat api dari surga."
Bukan metafora.
Api.
Imam itu dipukul.
Orang-orang di sekitarnya melihat luka yang bengkak.
Dia melihat gangguan.
Sebagian orang melihat luka.
Dia melihat kerentanan.
Surga tidak bergerak untuk pertunjukan.
Ia bergerak dengan presisi.
Api itu bukan untuk dilihat banyak orang.
Itu untuk satu orang.
Kemudian, di Maiduguri, terjadi pertemuan lain.
Dia diperlihatkan neraka.
Dia mengenali wajah-wajah — bukan orang asing.
Guru.
Kemudian ia diperlihatkan surga.

Kota yang tertata.
Keindahan. Cahaya. Emas.
Dia kembali dengan perasaan terguncang.
Namun, wahyu tersebut tidak langsung menghasilkan penyerahan diri.
Melihat tidak sama dengan mengalah.
Bertahun-tahun kemudian, peluru menembus tubuhnya.
Logam akan menghantam tengkoraknya.
Darah akan mengalir dari kepalanya.
Ia akan dibawa pergi dengan kendaraan sebagai orang yang dianggap telah meninggal.
Namun dia akan bangkit kembali.
Para pengawal akan mengelilinginya.
Presiden akan turun tangan.
Para spesialis medis di negara asing akan mengkonfirmasi hal yang bertentangan dengan logika:
Hidup.
Utuh. Tidak ada kerusakan struktural.
Namun ancaman terbesar bagi imannya bukanlah api.
Bukan neraka. Bukan surga. Bukan peluru.
Itu akan menjadi kemunafikan.
Dan bisikan untuk kembali.
Hingga suatu malam di kamar hotel, ketika dia membuka pintu — dan melihat Sosok yang selama ini dia ikuti.
"Kita sudah melangkah terlalu jauh," kata suara itu.
"Sudah terlambat untuk kembali."
Ini bukan cerita tentang tontonan.
Ini tentang kesetiaan.
Dan sebelum buku ini berakhir, Anda akan menghadapi pertanyaan yang sama:
Saat api berkobar — apa yang tersisa?

PERKENALAN

Ini Bukan Cerita Tentang Kebakaran

Buku ini bukan tentang api.

Ini bukan tentang peluru, visi, intervensi politik, atau perjuangan bertahan hidup yang dramatis.

Peristiwa-peristiwa itu memang terjadi. Peristiwa-peristiwa itu terdokumentasi. Peristiwa-peristiwa itu telah disaksikan.

Namun mereka bukanlah pusatnya.

Intinya adalah kesetiaan.

Banyak orang akan tertarik pada buku ini karena unsur-unsur yang tidak biasa — api yang turun, perjumpaan dengan surga dan neraka, upaya pembunuhan, penyelamatan presiden. Detail-detail tersebut menarik perhatian. Detail-detail itu mengganggu pemikiran rutin. Detail-detail itu menantang asumsi.

Namun, pertunjukan semata tidak mampu mempertahankan transformasi.

Kesetiaanlah yang menentukan.

Ini adalah buku tentang apa yang terjadi ketika keyakinan yang diwariskan dihadapkan dengan kebenaran yang terungkap. Ini tentang apa yang terjadi ketika struktur bertabrakan dengan perjumpaan. Ini tentang apa yang tersisa ketika sistem terguncang dan identitas diuji.

Ini tentang kesetiaan di bawah tekanan.

Warisan dan Gangguan

Sebagian orang mewarisi agama seperti halnya sebagian lainnya mewarisi tanah.

Hal itu diberikan sejak lahir.
Hal itu dipengaruhi oleh lingkungan. Hal itu diperkuat oleh budaya.

Dalam lingkungan seperti itu, iman tidak diuji — melainkan diserap.

Disiplin menjadi pengabdian.
Rutinitas menjadi kebenaran. Struktur menjadi identitas.

Dan ketika terjadi perubahan, perubahan itu bukanlah perubahan kecil.

Ini adalah gempa bumi.

Buku ini menelusuri pergeseran seismik tersebut.

Seorang ibu yang kesetiaannya berubah secara diam-diam namun tegas.
Seorang saudara laki-laki yang nyawanya diselamatkan dari ujung pedang. Seorang ayah yang dunianya mulai retak. Seorang mentor yang dilanda sesuatu yang tak dapat dijelaskan.

Namun sekali lagi — hal-hal ini tidak disajikan untuk menimbulkan kekaguman.

Hal-hal tersebut disajikan untuk mengungkapkan bahwa kebenaran sering kali mengganggu sebelum memperbaiki keadaan.

Api Bukanlah Buktinya

Dalam Kitab Suci, api sering muncul.

Api itu jatuh di atas mezbah Elia.
Api itu menghanguskan Nadab dan Abihu. Api itu menyertai Pentakosta.

Namun, api bukanlah pesan yang ingin disampaikan.

Ini adalah konfirmasi.

Dalam narasi ini, api mengganggu sistem kepastian. Api mengungkap kesetiaan. Api menandai titik balik. Tetapi api tidak menyelesaikan perjalanan.

Wahyu saja tidak menghasilkan ketaatan.

Dia melihat surga.

Dia melihat neraka.

Dia kembali.

Dan tetap tidak langsung menyerah.

Mengapa?

Karena kesetiaan tidak dipaksakan oleh pertemuan. Kesetiaan dibentuk oleh keputusan.

Pertempuran yang Lebih Besar

Peluru-peluru itu tidak mengakhiri cerita.

Api itu tidak mendefinisikannya.

Evakuasi presiden tidak mengamankannya.

Ancaman terbesar datang kemudian — dari dalam gereja itu sendiri.

Kemunafikan.

Pengabdian yang suam-suam kuku.

Penampilan tanpa disiplin.

Godaan untuk kembali pada agama yang terstruktur daripada bertahan dalam komunitas yang tidak sempurna.

Dan di situlah buku ini bergeser dari biografi menjadi cermin.

Karena banyak yang tidak meninggalkan kebenaran karena kurangnya wahyu.

Mereka pergi karena kecewa.

Mengapa Buku Ini Ada

Buku ini ada untuk tujuan pembinaan.

Bukan ketertarikan.

Tujuannya adalah untuk menggerakkan pembaca melampaui kekaguman menuju pengkajian.

Bagian I menyajikan narasi — dengan jelas, langsung, tanpa hiasan. Bagian ini menelusuri pewarisan, konfrontasi, pertemuan, penganiayaan, pelestarian, dan penugasan.

Bagian II menyediakan perjalanan terstruktur selama 40 hari — bukan untuk meniru kepribadian seseorang, tetapi untuk menumbuhkan kesetiaan yang disiplin kepada Kristus.

Ini sangat penting:

Kami tidak mengarahkan pembaca kepada seorang pria.

Kami mengarahkan para pembaca kepada Kristus.

Kehidupan yang didokumentasikan di sini berfungsi sebagai studi kasus, bukan sebagai contoh. Ilustrasi, bukan idola. Kesaksian, bukan teologi.

Jika kehidupan ini selaras dengan Kitab Suci, maka dari situlah kita harus belajar.

Apabila suatu kehidupan gagal memenuhi Kitab Suci, Kitab Suci tetap menjadi otoritas tertinggi.

Tujuannya bukanlah kesetiaan pada kepribadian.

Ini adalah kesetiaan berdasarkan perjanjian .

Murid-murid Tersembunyi

Sepanjang Kitab Suci, kesetiaan tidak selalu tampak di depan umum.

Nikodemus datang di malam hari.
Yusuf dari Arimatea bertindak dalam upacara pemakaman. Naaman berlutut di sebuah kuil asing sementara di dalam hatinya ia setia kepada Tuhan. Daud tinggal di antara orang Filistin sambil mempertahankan identitas perjanjian. Ester menyembunyikan warisannya sampai waktunya tiba untuk mengungkapkannya.

Kesetiaan terkadang diungkapkan dengan lantang.

Terkadang itu bersifat strategis.

Tapi ini pasti nyata.

Narasi ini memunculkan pertanyaan mendasar:

Kesetiaan Anda didasarkan pada apa — warisan, pengalaman, budaya, atau keyakinan?

Untuk Pembaca

Buku ini ditujukan untuk:

Mereka yang mewarisi iman dan tidak pernah mengujinya. Mereka yang menemukan kebenaran dan menunda penyerahan diri. Mereka yang selamat dari serangan tetapi bergumul dengan kekecewaan. Mereka yang menghadapi perpecahan dalam rumah tangga. Mereka yang menghadapi kemunafikan di dalam sistem keagamaan. Mereka yang percaya bahwa Tuhan hanya bergerak di tengah keramaian.

Surga bersukacita atas satu orang.

Kualitas lebih penting daripada kuantitas.

Jika api berkobar dan hanya satu yang bereaksi — surga tetap bergembira.

Struktur Perjalanan

Bagian I – Kisah Kesetiaan di Bawah Tekanan:
Penelusuran kronologis dan teologis tentang pembentukan, konfrontasi, penganiayaan, pelestarian, dan penugasan.

Bagian II – Perjalanan Strategis 40 Hari:
Narasi harian sebagai landasan, Kitab Suci (Perjanjian Lama dan Perjanjian Baru), refleksi, deklarasi, doa, dan tindakan. Sebuah pergerakan yang disengaja dari keyakinan tersembunyi menuju ketekunan yang disiplin.

Ini bukan membaca pasif.

Ini adalah pembentukan yang disengaja.

Orientasi Akhir

Sebelum Anda melanjutkan, pahami hal ini:

Buku ini tidak akan menghibur Anda.

Hal itu tidak akan sesuai dengan asumsi Anda.

Film ini tidak akan membesar-besarkan penderitaan.

Ini akan menantang kesetiaan.

Karena pada akhirnya, setelah melewati api, neraka, surga, peluru, kemunafikan, dan perjuangan untuk bertahan hidup, satu pertanyaan tetap ada:

Kamu milik siapa?

Lalu apa yang tersisa ketika api padam?

BAB 1

Sang Ayah yang Membangun Struktur

Sebelum terjadi konflik di rumah itu, ada ketertiban.
Sebelum terjadi pertobatan, ada disiplin.
Sebelum ada api dari surga, ada pembentukan di bawah bimbingan seorang ayah yang percaya bahwa agama bukanlah pilihan—melainkan perintah.

Ayah Isa adalah seorang veteran Perang Dunia Kedua. Ketelitian militer membentuk dirinya jauh sebelum menjadi seorang ayah. Ketelitian itu terbawa ke dalam rumah. Agama tidak terpisah dari kehidupan sehari-hari; agama mengaturnya.

Polanya konsisten:
Kantor ke masjid.
Masjid ke rumah. Rumah ke masjid.
Tidak ada penyimpangan. Tidak ada loyalitas yang terpecah. Tidak ada ketaatan yang longgar.

Islam di rumah itu bukanlah sekadar hiasan budaya. Itu adalah sebuah struktur.

Anak-anak dibesarkan dalam sistem di mana ketaatan diharapkan dan dipantau. Puasa selama Ramadan tidak dimulai pada masa remaja. Isa mulai berpuasa pada usia lima tahun. Puasa seharian penuh. Tidak ada pengecualian karena usia.

Doa tidak terbatas pada kewajiban saja

Ia bersaksi bahwa ia melakukan sebanyak 172 siklus salat setiap hari. Ini termasuk salat wajib dan bacaan sunnah tambahan. Ayat-ayat Al-Quran diulang ribuan kali. Meditasi terhadap kitab suci dilakukan secara harfiah, berulang-ulang, dan intens.

Tidak ada penafsiran ulang teks.

Jika Al-Quran mengatakan, "Bunuhlah mereka di mana pun kalian menemukan mereka," maka itu diterima begitu saja. Tidak ada penyesuaian kontekstual. Tidak ada pelunakan teologis.

Ini adalah keyakinan yang diwujudkan dalam praktik.

Pada usia tujuh atau delapan tahun, Isa melaporkan bahwa ia mulai mengalami manifestasi spiritual yang ia pahami sebagai pertemuan dengan "al-jinn." Ia menggambarkan melihat makhluk-makhluk yang muncul dalam bentuk hibrida, terkadang seperti hewan, terkadang bercahaya. Pertemuan-pertemuan ini tidak membuatnya takut. Justru memperkuat ideologi yang diajarkan kepadanya.

Dia percaya bahwa pengalaman-pengalaman ini menegaskan kebenaran Islam.

Menjelang pukul dua belas, formasi semakin intensif.

Ia mengikuti pelatihan militan Islam terorganisir di luar kota. Pelatihan ini meliputi latihan fisik, tinju, karate, pengenalan senjata, latihan bertahan hidup, dan instruksi gaya gerilya. Orang tuanya mendukung dan membiayai pelatihan ini. Hal itu dianggap terhormat.

Ia kemudian menjelaskan keterlibatannya dalam gerakan-gerakan Islam yang terstruktur, termasuk perencanaan strategis untuk ekspansi Islam. Ia mengakui partisipasinya dalam agresi anti-Kristen secara langsung — memukuli orang Kristen, membakar gereja, menghancurkan Alkitab di depan umum, dan melakukan intimidasi psikologis.

Ini bukanlah permusuhan biasa.

Itu adalah sebuah misi.

Disiplinlah yang menentukan sistem tersebut.

Ritual memperkuat loyalitas.

Pengulangan membangun keyakinan.

Kebencian bukanlah sesuatu yang terjadi secara acak; kebencian diajarkan.

Kekristenan digambarkan sebagai musuh.

Kekuasaan dipandang sebagai takdir.

Dan Isa menyerapnya.

Dia ingin menyenangkan ayahnya.

Dia ingin membela imannya.
Dia ingin memajukan tujuan yang diyakininya sebagai amanat ilahi.
Saat masa remajanya beranjak menjadi dewasa muda, ia tidak lagi mengeksplorasi keyakinan.
Dia menegakkannya.
Struktur bangunan sudah selesai.
Kesetiaan itu jelas.
Sistem tersebut berfungsi persis seperti yang dirancang.
Kemudian keretakan itu dimulai.
Bukan dari luar.
Dari dalam.
Ibunya masuk Islam.

BAB 2

Ibu yang Masuk Islam dan Tetap Beriman

Pertobatan pertama dalam keluarga tidak terjadi di medan perang.
Semuanya terjadi dengan tenang.
Ibu Isa menyerahkan hidupnya kepada Kristus saat masih tinggal di dalam rumah tangga Islam yang diatur secara ketat. Ini bukanlah lingkungan di mana agama berfungsi sebagai budaya. Agama adalah identitas. Agama adalah perintah. Agama adalah ketertiban. Otoritas ayah dan ketaatan Islam keluarga saling terkait. Masjid mengatur kegiatan sehari-hari. Al-Quran mengatur pemikiran. Ketaatan mengatur perilaku. Dan dalam struktur itu, sang ibu mengalihkan kesetiaannya. Pertobatannya awalnya tidak diumumkan secara publik. Itu dimulai secara internal. Tetapi di rumah tangga religius yang disiplin, perubahan internal pada akhirnya akan muncul dalam perilaku.
Pola doanya berubah.
Nada suaranya berubah.
Postur tubuhnya berubah saat momen-momen ibadah.
Ia tetap menjalankan tanggung jawabnya sebagai istri dan ibu. Ia terus menyajikan makanan. Ia terus mengurus rumah tangga. Ia tidak menarik diri secara fisik dari keluarga. Tetapi keselarasan spiritualnya tidak lagi sama.
Perbedaan itu menciptakan ketegangan.
Dalam rumah tangga yang tertata rapi, keseragaman menjaga stabilitas. Ketika satu anggota menyimpang, seluruh sistem akan merasakan dampaknya.
Ia tidak berdebat soal teologi di meja makan. Ia tidak mengejek sistem tempat ia tinggal. Ia tidak secara terbuka menantang otoritas suaminya. Sebaliknya, ia tetap hadir.

Yang tersisa bukanlah kelemahan.
Dengan tetap bertahan, dia akan menghadapi konsekuensi di dalam sistem, bukan dari kejauhan.
Kesetiaan barunya tidak disembunyikan selamanya.
Para putra mengamati dengan saksama.
Mereka telah dilatih untuk memperhatikan kedisiplinan.
Mereka telah dilatih untuk mengidentifikasi keseriusan.
Mereka tahu seperti apa ketaatan Islam yang ketat itu. Mereka tahu apa yang dibutuhkan untuk partisipasi penuh.
Ada sesuatu yang berbeda.
Kedamaiannya tidak dibangun di atas bacaan yang sama.
Pengabdiannya tidak lagi mengikuti arah yang sama. Pusat batinnya telah bergeser.
Sang ayah menjaga ketertiban. Struktur tersebut tidak mengendur. Harapan akan kesesuaian tidak hilang.
Namun kini rumah itu memiliki dua kubu yang setia.
Suasana menjadi tegang.
Saat itu belum meledak.
Namun, keadaannya terpecah.
Bagi Isa, yang masih sangat terpengaruh oleh keyakinan Islam militan, hal ini membingungkan. Sistem yang diyakininya sebagai absolut kini menghadapi kontradiksi di dalam rumahnya sendiri. Orang yang telah membesarkannya kini menunjukkan loyalitas yang berbeda.
Konversi dalam lingkungan seperti itu bukan sekadar perubahan agama.
Hal itu diartikan sebagai pengkhianatan terhadap garis keturunan, kesetiaan, dan takdir.
Namun dia tetap tinggal.
Dia tidak meninggalkan pernikahannya.
Dia tidak meninggalkan keluarganya. Dia tidak mencari perlindungan di tempat lain.
Dia tetap berada dalam ketegangan itu.
Imannya tidak diungkapkan dalam konfrontasi publik.
Imannya diungkapkan dalam ketahanan.
Ketahanan itu akan segera diuji melampaui perbedaan pendapat.

Konversi berikutnya tidak akan tetap terkendali.
Anak sulung bertemu dengan Kristus.
Dan ketika dia melakukannya, keretakan dalam rumah tangga berubah menjadi konflik terbuka.

BAB 3

Amadu Almadu Buba dan Pedang

Konversi kedua di dalam rumah tangga tersebut tidak terjadi secara bertahap.
Itu sangat menentukan.
Kakak sulung Isa, **Amadu Almadu Buba** menyerahkan hidupnya kepada Kristus.
Ini bukanlah rasa ingin tahu pribadi. Ini adalah perubahan kesetiaan yang dinyatakan secara terang-terangan. Di rumah yang terstruktur berdasarkan keyakinan Islam militan, keputusan seperti itu diperlakukan bukan sebagai ketidaksepakatan, melainkan sebagai pemberontakan.
Amadu tidak langsung meninggalkan rumah setelah masuk Islam. Ia tetap berada di lingkungan yang sama seperti ibunya.
Namun, reaksi terhadap pertobatannya berbeda.
Jika perubahan sikap ibunya menciptakan ketegangan, pertobatannya justru menciptakan konfrontasi.
Menurut kesaksian Pastor Isa, situasi tersebut memburuk dengan cepat. Sang ayah, yang telah mengatur rumah tangga dengan disiplin militer dan keseriusan religius yang mutlak, menanggapi dengan kekerasan.
Konfrontasi itu melampaui batas kata-kata.
Isa menceritakan bahwa ayahnya datang dari belakang Amadu dengan membawa pedang.
Bukan sekadar isyarat simbolis.
Senjata sungguhan.

Dia menggambarkan pisau itu sangat tajam—mampu memotong kulit hanya dengan sentuhan ringan. Tujuannya bukan untuk intimidasi. Itu adalah eksekusi.
Sang ayah mengangkat pedang untuk menyerang putranya sendiri karena telah memeluk agama Kristen.
Tidak ada negosiasi pada saat itu.
Pisau itu diangkat.
Pemogokan akan segera terjadi.
Kemudian, menurut penuturan Isa, sesuatu terjadi yang mengubah arah kehidupan keluarga tersebut.
Dia menyatakan bahwa Roh Kudus telah campur tangan.
Dia menjelaskan bahwa Amadu secara fisik dipindahkan dari posisi tempat dia berdiri.
Bukan melalui perjuangan.
Bukan melalui campur tangan manusia. Bukan dengan berlari.
Dia mengatakan bahwa Roh Kudus "memilih" saudaranya dan menjauhkannya dari jalan pedang.
Pedang itu turun.
Namun, petir itu tidak mengenai daging.
Sebaliknya, petir itu menembus trampolin di belakang tempat Amadu berdiri dan menancap ke tanah.
Lokasi di mana pisau itu mengenai adalah tempat yang sama persis di mana tubuhnya berada beberapa saat sebelumnya.
Amadu sudah tidak ada di sana lagi.
Dia telah dipindahkan ke lokasi terdekat.
Serangan itu meleset.
Upaya pembunuhan itu tidak berhasil.
Momen itu menandai titik balik dalam keluarga tersebut.
Ini bukan lagi perselisihan tentang doktrin.
Ini adalah upaya eksekusi
Sang ayah telah bertindak.
Pedang itu telah diangkat.
Pisau itu telah jatuh.
Namun sang putra tetap hidup.
Amadu tidak membatalkan keputusannya setelah insiden tersebut.
Dia tidak melepaskan keyakinannya pada agama Kristen.

Dia tetap teguh pada pendiriannya.
Menurut kesaksian Isa, saudara yang sama itu kemudian menjadi pendeta senior di Gereja Deeper Life, melayani di tingkat pengawas nasional.
Pedang itu tidak mengakhiri hidupnya.
Hal itu terjadi sebelum ia dipanggil.
Di dalam rumah, suasana berubah secara permanen.
Pertobatan diam-diam sang ibu telah menciptakan perpecahan internal.
Perpindahan agama Amadu dan insiden pedang tersebut menciptakan keretakan yang terbuka.
Sistem tersebut telah ditantang dari dalam.
Dan apa yang dulunya merupakan kesetiaan yang seragam kini terpecah oleh loyalitas yang saling bertentangan.
Bagi Isa, yang saat itu masih sangat terlibat dalam pembentukan kelompok Islam militan, insiden tersebut tidak bisa begitu saja diabaikan.
Dia telah memahami niat ayahnya.
Dia melihat pisau itu jatuh.
Dia melihat saudaranya berdiri di tempat lain.
Peristiwa itu tidak langsung mengubah pendiriannya.
Namun hal itu menimbulkan gangguan terhadap keyakinannya.
Struktur sistem kepercayaannya tetap utuh.
Namun, retakan mulai terbentuk.
Konfrontasi selanjutnya tidak akan melibatkan pedang.
Ini akan melibatkan api.

BAB 4

Formasi Mengintensifkan

Meskipun ibu dan saudara laki-lakinya telah mengubah kesetiaan mereka, Isa tidak.
Justru, ketegangan di dalam rumah itulah yang memperkuat tekadnya.
Ia dibesarkan dengan keyakinan bahwa Islam bukan sekadar agama, tetapi juga mandat untuk berkuasa. Sejak kecil, disiplin membentuk identitasnya. Insiden pedang yang melibatkan saudaranya tidak menghancurkan pembentukan tersebut. Malah, hal itu memperkuat keyakinannya bahwa penyimpangan harus ditentang.
Latar belakang militer ayahnya telah membentuk lebih dari sekadar rutinitas sehari-hari. Itu membentuk harapan akan kesetiaan dan kekuatan. Kelembutan emosional tidak dianjurkan. Ketaatanlah yang dibutuhkan.
Perkembangan Isa berlanjut mengikuti jalur militan.
Pada awal masa remajanya, ia sepenuhnya terlibat dalam struktur pelatihan Islam. Di luar kota, di daerah terpencil, ia dan para rekrutan muda lainnya menjalani pelatihan fisik dan penguatan ideologis. Pelatihan tersebut meliputi:

- Pertarungan jarak dekat.
- Latihan karate dan tinju.
- Pengondisian daya tahan fisik.
- Pelatihan bertahan hidup dalam kondisi sulit.
- Pengalaman dalam menangani senjata.
- Instruksi strategis dalam perang gerilya.

Para orang tua membiayai pelatihan ini dengan sukarela. Partisipasi dianggap sebagai tindakan terhormat. Membela Islam tidak dipandang sebagai ekstremisme—melainkan kebenaran.

Penguatan ideologis menyertai pelatihan fisik. Ayat-ayat dari Al-Quran dihafal dan dibaca dengan penekanan pada konfrontasi dengan orang-orang kafir. Kebencian terhadap orang Kristen dan Yahudi bukanlah luapan emosi; itu dipupuk melalui pengulangan.

Isa telah mengakui keterlibatan langsung dalam tindakan permusuhan:

- Memukuli orang Kristen.
- Melakukan intimidasi paksa.
- Menghancurkan Alkitab di depan umum.
- Berpartisipasi dalam pembakaran gereja.
- Terlibat dalam agresi keagamaan terorganisir.

Dia tidak menggambarkan dirinya sebagai orang yang terlibat dengan enggan.

Dia percaya bahwa dia sedang membela kebenaran.

Selain pelatihan militer, ia terus melakukan praktik ibadah yang intensif. Di luar lima shalat wajib harian, ia melakukan siklus tambahan. Ia bersaksi telah shalat hingga 172 rakaat setiap hari.

Pembacaan ayat-ayat tersebut bukanlah simbolis. Ayat-ayat diulang ribuan kali dalam meditasi. Ketaatan bersifat harfiah.

Pada usia tujuh atau delapan tahun, ia melaporkan penampakan spiritual yang ia tafsirkan sebagai penegasan ajaran Islam. Ia menggambarkan melihat makhluk yang diyakininya sebagai "al-jinn." Pengalaman-pengalaman ini tidak menakutinya; malah memperkuat tekadnya.

Sistem kepercayaannya tidak rapuh.

Hal itu diperkuat oleh disiplin, pengulangan, pengalaman spiritual, dan penguatan dari komunitas.

Saat ia mencapai usia dewasa muda, ia bukan hanya sekadar peserta.

Ia terlibat dalam perencanaan strategis Islam yang terstruktur.

Ia telah merujuk pada keterlibatannya dalam gerakan-gerakan yang membayangkan perluasan pengaruh Islam jangka panjang di berbagai wilayah. Pemikirannya bersifat lintas generasi. Strateginya sabar.

Perubahan keyakinan yang terjadi di dalam rumahnya tidak berhasil membujuknya.
Hal itu menyinggung perasaannya.
Ia memandang agama Kristen sebagai sesuatu yang lemah.
Dia memandang orang Kristen sebagai orang yang telah berkompromi.
Dia memandang Gereja sebagai sesuatu yang harus ditentang.
Kemudian terjadilah peristiwa yang melibatkan imamnya.
Dan konfrontasi tersebut bergeser dari ideologi ke pertemuan langsung.

BAB 5

Maiduguri, Visi Neraka, dan Penolakan

Perubahan dalam hidup Isa tidak dimulai dengan kebakaran itu.
Semuanya berawal dari keresahan.
Selama masa-masa perjuangannya dalam pembangunan, Isa melakukan perjalanan ke Maiduguri.
Pada saat itu, ia tetap sepenuhnya berkomitmen pada Islam. Struktur ideologisnya tetap utuh. Permusuhannya terhadap Kekristenan tetap aktif. Kedisiplinannya tidak melemah.
Saat berada di Maiduguri, ia menceritakan pengalaman supranatural yang mengubah keyakinan batinnya.
Dia menyatakan bahwa dia diperlihatkan neraka.
Dia menggambarkannya bukan sebagai imajinasi atau mimpi, melainkan sebagai sebuah perjumpaan.
Menurut kesaksiannya, dia melihat kobaran api dan penderitaan yang hebat. Dia melihat orang-orang disiksa.

Dan di antara mereka yang ia kenali adalah **guru-guru Muslim — Mallam — individu-individu yang telah mengajarinya doktrin Islam.**
Mereka bukanlah musuh Islam.
Mereka adalah para pemimpin di dalamnya.
Dia melihat para pengajar Islam yang dihormati sedang menderita.
Dia menggambarkan mereka menangis kesakitan di dalam kobaran api.
Hal ini tidak sesuai dengan kerangka kerja yang telah diajarkan kepadanya.
Ia dibesarkan dengan keyakinan bahwa Islam adalah satu-satunya jalan yang benar. Guru-guru Muslim adalah penjaga kebenaran. Tujuan abadi mereka dianggap aman.
Namun dalam penglihatan yang ia gambarkan, mereka tidak aman.
Mereka dihukum.
Dia tidak diperlihatkan orang-orang Kristen yang disiksa.
Dia diperlihatkan para penguasa Islam sedang menyiksanya.
Detail itu membuatnya gelisah.
Setelah itu, dia menceritakan bagaimana dia dibawa ke atas dan diperlihatkan surga.
Dia menggambarkan surga sebagai tempat yang terstruktur, terang, teratur, dan damai.
Dia menyatakan bahwa dia melihat beberapa orang yang telah meninggal.
Dia menggambarkan pengalaman itu sebagai sesuatu yang nyata dan jelas.
Dia diperlihatkan dua tujuan:
Menyiksa.
Dan ketertiban.
Keputusan.
Dan kedamaian.
Dia kembali dari pengalaman itu.
Dan dia tidak berpindah agama.
Penglihatan itu tidak serta merta mematahkan kesetiaannya.
Formasinya terlalu dalam.

Bertahun-tahun disiplin, pengulangan, ideologi militan, dan keyakinan yang terstruktur tidak akan runtuh hanya karena satu pengalaman.
Dia kembali ke jalan yang sebelumnya dia tempuh.
Dia terus menjalankan praktik keagamaan Islam.
Dia terus menunjukkan komitmen militannya.
Dia terus menunjukkan permusuhan terhadap agama Kristen.
Namun, gangguan itu tetap ada.
Dia telah melihat sesuatu yang tidak sesuai dengan apa yang telah diajarkan kepadanya.
Struktur ideologis itu masih tetap berdiri tegak.
Namun kini terdapat retakan di dalamnya.
Konfrontasi yang menentukan tidak akan terjadi di Maiduguri.
Itu akan terjadi nanti.
Hal itu akan melibatkan imamnya.
Dan itu akan melibatkan api.

BAB 6

Visi Ketiga: 1982 — Penyerahan Diri

Isa sudah melihat cukup banyak hal untuk menggoyahkan mental orang yang lebih lemah.
Dia telah melihat guru-guru Muslim disiksa.
Dia telah melihat surga. Dia telah menyaksikan kematian imam yang membimbingnya dalam rahasia-rahasia spiritual.
Namun tak satu pun dari peristiwa-peristiwa itu yang mematahkan kesetiaannya.
Pembentukan di dalam dirinya terlalu dalam.
Ia telah dibentuk oleh puasa pukul lima.
Oleh siklus doa di luar kewajiban. Oleh latihan militer. Oleh doa-doa rahasia. Oleh pengulangan ayat-ayat yang membingkai dunia dalam kategori absolut.
Islam bukanlah sistem kepercayaan yang dianutnya.
Itu adalah kerangka identitasnya.
Lalu tibalah tahun 1982.
Dia menggambarkannya sebagai konfrontasi ketiga dan terakhir.
Dia berada di Negara Bagian Borno . Pola pikir militan belum melunak. Masih ada rencana, latihan, dan strategi. Dia tidak condong ke arah Kekristenan. Dia tidak penasaran. Dia tidak mencari.
Dia telah mengatakan dengan jelas: tidak mungkin dia akan percaya kepada Yesus tanpa sesuatu yang tak terbantahkan — "sangat, sangat," menurut kata-katanya.
Pertemuan itu terjadi tiba-tiba.
Dia menggambarkan dirinya sedang duduk — lalu memasuki apa yang disebutnya sebagai kondisi trans.
Lingkungan fisik di sekitarnya memudar.
Lalu dia melihat-Nya.

Yesus.
Ia menggambarkan Yesus dengan api — bukan kehangatan simbolis, tetapi kehadiran yang menyala-nyala. Ia mengatakan api yang ada pada-Nya sangat dahsyat. Perjumpaan itu bukanlah sesuatu yang lembut. Itu sangat luar biasa.
Kemudian visi itu berubah.
Neraka terbuka.
Dia mengatakan bahwa dia melihatnya dengan jelas.
Api. Penderitaan.
Kepedihan.
Dia mengenali wajah-wajah itu.
Dia melihat orang-orang yang dikenalnya.
Dia melihat guru-guru Muslim.
Dia melihat orang-orang yang dia hormati.
Dia melihat kakeknya.
Ini bukanlah teori teologis.
Ini adalah sebuah pengakuan.
Orang-orang yang dia yakini aman ternyata sedang terbakar.
Dia telah dididik untuk percaya bahwa kesetiaan kepada Islam menjamin surga.
Namun dalam penglihatan yang diceritakannya, mereka berada dalam siksaan.
Pertemuan itu tidak berhenti sampai di situ.
Dia mengatakan bahwa kemudian dia diperlihatkan surga.
Dia menggambarkan struktur, keteraturan, kecerahan, kedamaian.
Dia telah dilatih untuk mati demi apa yang dia yakini.
Dia telah diberi tahu bahwa mati syahid adalah peningkatan status. Bahwa kematian dalam jihad adalah promosi.
Dia tidak takut mati.
Dia menyambut baik hal itu.
Jadi konfrontasi ini bukanlah tentang rasa takut akan kematian.
Ini tentang mengungkap penipuan.
Dia mengatakan bahwa pada saat itu, semua yang ada di dalam dirinya hancur.
Tidak secara bertahap.

Bukan secara emosional.
Secara struktural.
Bangunan ideologis itu runtuh.
Dia menyerah.
Pada tahun 1982, Isa menyerahkan hidupnya kepada Yesus Kristus.
Pembela Islam yang militan itu telah menyatakan kesetiaannya.
Namun, menyerah tidak membawa perdamaian.
Hal itu memicu perang.

BAB 7

Aku Melihat Api dari Surga — Sang Mentor

Sebelum terjadi konfrontasi, ada kepercayaan.

Imam itu mengenal Isa sejak kecil. Ia telah mengamati pertumbuhannya. Ia telah memperbaiki pengucapannya, melatih daya ingatnya, membentuk postur tubuhnya saat salat. Ia bukan sekadar pengajar sesekali; ia adalah sosok yang berpengaruh dalam pembentukan karakternya.

Di bawah bimbingannya, Isa belajar disiplin—bukan iman yang asal-asalan, tetapi pengabdian yang terstruktur. Ia belajar bagaimana melafalkan, bagaimana menafsirkan, bagaimana bertahan. Tetapi di luar pengajaran publik, ada lapisan yang lebih dalam. Praktik-praktik yang tidak dibicarakan secara terbuka. Doa-doa permohonan. Latihan-latihan spiritual. Apa yang kemudian Isa gambarkan tanpa ragu sebagai "bagian rahasia yang lebih dalam."

Bagi seorang anak laki-laki yang haus akan keseriusan, ini adalah sebuah kekuatan.

Imam bukanlah sekadar pemimpin agama. Ia adalah penjaga gerbang pengetahuan. Seorang pria yang dipercaya untuk menyimpan apa yang tidak dapat diakses oleh orang lain.

Jadi, ketika ketegangan mulai muncul dalam perjalanan spiritual Isa, itu bukanlah ketegangan dengan orang asing. Itu adalah ketegangan dengan seseorang yang tangannya telah membentuknya.

Lalu terjadilah interupsi.

Isa tidak pernah memperhalus bahasa yang digunakannya dalam menggambarkan apa yang dilihatnya. Ia tidak menyajikannya sebagai mimpi, atau metafora. Ia mengatakannya dengan lugas:

"Aku melihat api dari surga."

Dia menggambarkan kereta perang.
Kereta api api.
Menurun.
Dia melihatnya terjadi.
Imam itu pingsan.
Yang lain tidak menggambarkan apa yang dia gambarkan.
Orang-orang di dekatnya kemudian berbicara tentang bisul yang muncul di tubuh imam. Pembengkakan. Manifestasi fisik. Mereka tidak berbicara tentang api. Mereka tidak berbicara tentang kereta perang.
Isa bersikeras pada perbedaan tersebut:
Dia melihat api.
Mereka melihat bisul.
Imam itu meninggal dunia.
Momen itu menghancurkan sesuatu di dalam dirinya.
Dialah orang yang telah memperkenalkannya pada praktik-praktik tersembunyi, yang mewujudkan otoritas dalam sistem itu. Jika otoritas itu dapat dipatahkan — jika struktur spiritual itu dapat ditembus — maka sesuatu yang lebih besar sedang bekerja.
Namun, inilah yang membuat cerita ini jujur.
Dia tidak berpindah agama pada hari itu.
Tidak ada penyerahan diri secara langsung. Tidak ada perubahan kesetiaan secara instan. Tidak ada keruntuhan emosional menuju keyakinan baru.
Namun, justru sesuatu yang lebih berbahaya yang terjadi.
Dia menjadi tegar.
Konfrontasi itu tidak melunakkan hatinya. Malah memperkuatnya. Ketika suatu sistem terguncang, sebagian orang melarikan diri. Sebagian lainnya justru semakin teguh. Isa justru semakin teguh. Kedisiplinannya meningkat. Tekadnya menguat. Identitas militannya semakin tajam.
Api itu mengungkap sesuatu — tetapi pengungkapan tidak secara otomatis menghasilkan kepatuhan.
Yang meninggal hari itu bukan hanya seorang mentor.
Itu adalah kepastian.

Namun, runtuhnya kepastian bukan berarti runtuhnya kesetiaan — tidak secara langsung.
Serangan itu tepat sasaran. Itu bukan pertunjukan teatrikal untuk khalayak ramai. Itu adalah interupsi yang ditargetkan untuk satu orang yang fondasinya dibangun di atas otoritas mentor tersebut.
Namun, bahkan setelah melihat api.
Bahkan setelah melihat kematian.
Bahkan setelah merasakan gangguan.
Dia melanjutkan.
Itulah mengapa konfrontasi berikutnya harus lebih mendalam. Bukan api eksternal. Bukan manifestasi yang terlihat. Sesuatu yang akan menembus struktur dan masuk ke dalam kesetiaan itu sendiri.
Api itu menyambar sang mentor.
Namun penyerahan diri masih akan terjadi.

BAB 8

Sembilan Kali Mereka Mencoba Membunuhnya

Ketika Isa menyerah pada tahun 1982, pertempuran spiritual tidak mereda.
Itu muncul ke permukaan.
Dia telah beralih dari orang dalam menjadi musuh.
Dia bukan lagi sekadar seorang Muslim.
Dia bukan lagi sekadar seorang militan.
Dia adalah mantan ahli strategi yang sekarang memberitakan Kristus.
Dan itulah yang membuatnya berbahaya.
Dia telah menyatakan dengan jelas: ada sembilan upaya pembunuhan terhadap dirinya.
Bukan ancaman.
Upaya.
Serangan besar pertama melibatkan tembakan senjata api.
Dia menggambarkan dirinya berhadapan langsung dengan para jihadis. Mereka bukanlah musuh yang tidak dikenal. Beberapa dari mereka memahami siapa dia sebelumnya. Mereka tahu pelatihan yang dia terima. Mereka tahu perannya. Mereka tahu pola pikir strategisnya.
Tembakan dilepaskan.
Dia menceritakan bahwa peluru menembus tubuhnya.
Selama penyerangan itu, kepalanya juga dipukul dengan keras menggunakan benda logam. Ia menggambarkan benturan itu sangat parah. Darah langsung mengalir deras. Jenis pendarahan yang membuat para saksi mata yakin tengkoraknya telah hancur.
Dia pingsan.
Orang-orang yang hadir mengira dia sudah meninggal.

Dia dimasukkan ke dalam kendaraan seolah-olah sudah selesai.
Diangkut.
Dibuang karena harapan.
Namun dia tidak meninggal.
Meskipun darah terlihat mengalir dari kepalanya, meskipun ada tembakan, meskipun ada penyerangan — dia selamat.
Ia kemudian menjelaskan bahwa peluru telah dikeluarkan dari tubuhnya.
Dia selamat.
Dia menggambarkan kelangsungan hidup itu bukan sebagai kebetulan, melainkan sebagai intervensi.
Upaya besar berikutnya dilakukan melalui peracunan.
Dia diberi makanan.
Dia memakannya tanpa curiga.
Orang-orang yang menyiapkan hal itu memperkirakan hidupnya akan berakhir dalam hitungan jam.
Mereka menunggu.
Dia tidak pingsan.
Mereka menunggu lebih lama.
Dia tetap hidup.
Menurut penuturannya, orang-orang yang memberikan racun itu kemudian kembali dan mengakui perbuatan mereka.
Mereka berharap melihat mayat. Namun, yang mereka lihat justru dia masih hidup.
Dia menggambarkan hasilnya sebagai kebalikan dari kehancuran.
Alih-alih melemah, katanya tubuhnya justru semakin kuat.
Hal ini tidak diartikan oleh para penyerangnya sebagai pemulihan normal.
Hal itu memperdalam permusuhan.
Upaya terus berlanjut.
Dia menggambarkan dirinya sedang diburu.
Dia menggambarkan pergerakan dari satu tempat ke tempat lain.
Dia menggambarkan kegiatan berdakwah di desa-desa dan pergi sebelum pembalasan dapat terorganisir.

Dia menjelaskan bahwa dia beroperasi secara diam-diam karena kedekatan dengan orang-orang percaya membuat mereka berisiko. Orang-orang Kristen takut bergaul dengannya karena latar belakangnya di masa lalu membuatnya menjadi sasaran empuk bagi respons kekerasan.
Dia mengatakan bahwa mengislamkan seseorang adalah satu pertempuran.
Mempertahankan orang yang sudah memeluk agama tertentu adalah hal lain.
Permusuhan itu bukanlah permusuhan emosional.
Itu adalah langkah strategis.
Dia mengatakan bahwa sistem dan struktur pemerintahan terlibat pada tingkatan tertentu. Tekanan meningkat melampaui kelompok militan yang terisolasi.
Pada satu titik, tingkat keparahan ancaman tersebut memerlukan intervensi.
Dia menceritakan bahwa pengaturan tingkat presiden memfasilitasi evakuasinya ke Amerika Serikat.
Kebutuhan untuk pemindahan tersebut bukan karena alasan kenyamanan.
Itu demi kelangsungan hidup.
Perawatan medis pun dilakukan.
Dia selamat.
Dia menjabarkan pola tersebut dengan jelas:
Peluru tidak berhasil menjatuhkannya.
Racun tidak mengakhiri hidupnya.
Serangan mendadak itu tidak menghabisinya.
Sembilan kali percobaan.
Sembilan kegagalan.
Dia mengaitkan setiap kejadian tersebut dengan perlindungan ilahi.
Tokoh militan yang dulunya memajukan jihad kini berdiri sebagai pemimpin Kristen yang terus-menerus berada di bawah ancaman.
Namun, dia tetap hidup.

BAB 9

Murid-murid Tersembunyi dan Kesetiaan di Bawah Penyamaran

Setelah upaya pembunuhan, setelah peluru dan racun, setelah pengungsian dan perjuangan untuk bertahan hidup, kehidupan Isa memasuki ketegangan yang berbeda.
Mengkonversi publik adalah satu pertempuran.
Kesetiaan yang berkelanjutan di dalam lingkungan yang bermusuhan adalah hal lain.
Dalam kesaksiannya, ia menggambarkan kompleksitas bertahan di lingkungan di mana paparan dapat berarti kematian seketika—tidak hanya untuk dirinya sendiri, tetapi juga untuk orang lain yang terkait dengannya.
Dia berbicara tentang beroperasi secara diam-diam.
Dia berbicara tentang persekutuan yang terbatas karena orang percaya khawatir kedekatan dapat membuat mereka menjadi sasaran.
Dia menggambarkan hidupnya "di antara dua kutub" — awalnya tidak sepenuhnya dipercaya oleh umat Kristen karena statusnya sebagai mantan militan, dan diburu oleh para jihadis karena kesetiaannya yang baru.
Ini memperkenalkan dimensi kemuridan yang sering disalahpahami:
Kesetiaan tersembunyi tidak selalu berarti kompromi.
Kitab Suci mencatat pola-pola serupa.
Nikodemus datang pada malam hari.
Yusuf dari Arimatea mengikuti secara diam-diam hingga saat pemakaman.
Esther menyembunyikan identitasnya hingga waktunya tepat.
Naaman berjanji setia kepada Allah Israel meskipun masih berdiri di samping seorang raja di sebuah kuil asing.
Kemuridan tersembunyi bukanlah penyangkalan.

Ini adalah soal bertahan hidup sementara kesetiaan bergeser secara internal.
Di wilayah-wilayah di mana Islam mengatur struktur sosial dan politik, sebagian mualaf tidak langsung meninggalkan lingkungan fisik mereka.
Sebagian orang tetap menghadiri bangunan masjid secara lahiriah sementara di dalam hati berdoa melalui Kristus.
Ini bukanlah kebingungan teologis.
Ini adalah strategi untuk bertahan hidup.
Isa menggambarkan realita bahwa mengkonversi seorang Muslim adalah sebuah konfrontasi.
Menjaga agar orang yang baru bertobat itu tetap hidup dan teguh dalam imannya adalah hal lain.
Pertempuran tidak berakhir pada pengakuan.
Intensitasnya meningkat.
Ada penganut kepercayaan yang tetap berada di dalam sistem meskipun kesetiaan mereka telah berubah.
Mereka berdoa dengan cara yang berbeda.
Mereka percaya dengan cara yang berbeda. Mereka mengakui Kristus secara batiniah. Mereka bertindak dengan hati-hati.
Ini bukanlah konstruksi fiktif.
Mereka hidup dalam ketegangan di wilayah yang bermusuhan.
Kisah Isa tidak menunjukkan bahwa sandiwara publik adalah satu-satunya bentuk kesetiaan.
Hal ini menunjukkan bahwa kesetiaan pertama-tama bersifat spiritual, kemudian terlihat.
Beberapa murid harus bergerak secara diam-diam.
Sebagian orang harus beraktivitas di tempat umum.
Kebijaksanaan untuk membedakan mana yang diperlukan bukanlah kelemahan—melainkan kedewasaan.
Militan yang dulunya dilatih untuk menghancurkan orang Kristen kini memahami sesuatu yang berbeda:
Tidak setiap pertempuran diperjuangkan dengan mengekspos diri.
Beberapa di antaranya diperjuangkan dengan daya tahan.

BAB 10

Dari Bertahan Hidup Menuju Struktur: Mandat Kementerian

Bertahan hidup saja bukanlah warisan.
Banyak orang selamat dari serangan tersebut.
Hanya sedikit yang membangun institusi setelahnya.
Setelah upaya pembunuhan, setelah evakuasi, setelah pemulihan medis, setelah bertahun-tahun berdakwah di bawah ancaman, kisah Isa tidak berakhir dengan persembunyian.
Ini kemudian beralih ke struktur.
Dia tidak membangun platform kepribadian.
Dia membangun sebuah komisi.
Komisi tersebut dikenal sebagai **Evangelical Biblical Outreach Ministries International (EBOMI)** .
Mandatnya, sebagaimana dinyatakan secara publik, jelas:
Untuk memobilisasi, melatih, memperlengkapi, dan memberdayakan orang percaya, pemimpin gereja, pegawai negeri, dan tokoh politik untuk melangkah menuju takdir kenabian mereka dan memberitakan apa yang digambarkan oleh pelayanan ini sebagai Injil yang murni — mempercepat pertumbuhan Kerajaan Allah melalui doa syafaat dan kebangunan rohani.

Bahasa yang digunakan dalam pelayanan tersebut mencerminkan tema yang konsisten dari kehidupannya: penjaga.

Situs web tersebut merujuk pada Yehezkiel 33:7, Yehezkiel 22:26–30, dan Yesaya 62:6 — ayat-ayat yang menyerukan para penjaga untuk berdiri di celah ketika sistem runtuh.

Pesan tersebut bukanlah Kekristenan pasif.

Ini adalah tanggung jawab.

Dia telah menyatakan secara terbuka:

"Ketika aku diselamatkan dari jihadisme Islam, Tuhan berfirman kepadaku, 'Anakku, pergilah dan provokasi para penjaga untuk menggantikan posisi mereka agar Aku tidak membinasakan orang-orang itu.'"

Bahasa yang digunakan lugas.

Mandat tersebut bersifat konfrontatif.

Penekanannya adalah pada pemugaran "bangunan bersejarah kuno."

EBOMI bermarkas di Jos, Negara Bagian Plateau, Nigeria.

Cara kerjanya adalah:

- Pelayanan gereja.
- Komisi pelatihan.
- Sebuah platform kebangkitan.
- Struktur mobilisasi kenabian.

Namun, cerita ini tidak berhenti sampai di situ saja.

Ada dimensi kedua: keterlibatan kemanusiaan.

Melalui **Yayasan El- Buba** , kegiatan sosial tersebut meluas ke layanan praktis.

Anda menyatakan — dan ini harus disertakan dengan hati-hati — bahwa lebih dari 80% penerima manfaat adalah Muslim.

Detail itu penting.

Mantan militan itu kini memberi makan, mendidik, dan memberdayakan komunitas yang sebagian besar terdiri dari kelompok agama yang pernah ia bela dengan kekerasan.

Yayasan ini beroperasi:

- Lembaga pendidikan.
- Inisiatif pertanian.

- Lahan pertanian dan tanah yang dialokasikan untuk budidaya.
- Dukungan untuk kaum miskin dan yang membutuhkan.

Banyak dari mereka yang didukung adalah Muslim.
Ini bukan retorika ideologis.
Ini adalah pembalikan sosial.
Pria yang dulunya dilatih untuk menghancurkan gereja kini mengelola sekolah.
Mantan jihadis itu kini menyediakan lahan pertanian bagi kaum miskin.
Pelayanan menggantikan agresi.
Struktur menggantikan militansi.
Pemberian bantuan menggantikan kekerasan.
Bahkan di dalam rumah tangganya sendiri, kisah tentang perpecahan dan hidup berdampingan tetap ada.
Anda mencatat bahwa keluarganya tetap terpecah — sebagian Muslim, sebagian Kristen — namun mereka tetap makan bersama.
Detail itu sangat penting.
Hal ini menunjukkan bahwa konversi tidak menghapus hubungan antarmanusia.
Kesetiaan bergeser.
Martabat manusia tetap terjaga.
Bab ini sangat penting karena mencegah narasi berakhir hanya pada penganiayaan semata.
Ini menunjukkan buah.
Ini menunjukkan infrastruktur.
Hal ini menunjukkan kesinambungan kelembagaan.
Hal ini menunjukkan bahwa pembentukan yang disiplin, jika diarahkan dengan benar, dapat membangun masyarakat alih-alih menyerangnya.

KESIMPULAN BAGIAN I

Apa yang Dihasilkan oleh Kesetiaan

Seorang anak berusia lima tahun yang berpuasa.
Seorang remaja militan. Seorang mentor yang terbakar.
Seorang pria yang melihat neraka. Penyerahan diri pada tahun 1982. Sembilan upaya pembunuhan. Peluru. Racun. Evakuasi.
Bertahan hidup.
Kemudian-
Sekolah.
Ladang. Kerja yayasan. Penjaga keamanan dimobilisasi.
Komunitas Muslim dilayani. Sebuah keluarga yang terpecah masih makan di satu meja.
Cerita ini tidak mengagungkan kekerasan.
Hal ini mengungkap formasi tersebut.
Film ini tidak mengromantiskan penganiayaan.
Ini menunjukkan daya tahan.
Hal itu tidak menyajikan konversi sebagai jalan keluar.
Hal ini menyajikannya sebagai pengalihan kesetiaan dengan konsekuensi tertentu.
Sekarang pertanyaan itu kembali kepada pembaca:
Jika disiplin militan dapat mendatangkan kehancuran,
apa yang dapat dibangun oleh kesetiaan yang disiplin kepada Kristus?
Bagian II bukanlah sebuah saran.
Ini adalah respons.

Surat-surat Hidup – Seri Renungan 40 Hari - 3 Studi DIMULAI… >>>>>

CARA MENGGUNAKAN RENUNGAN INI

Panduan Pembentukan untuk Individu, Keluarga, dan Komunitas

Perjalanan 40 hari ini tidak dirancang untuk dikonsumsi.
Ini dirancang untuk membentuk Anda.
Ini bukan jadwal membaca.
Ini adalah jalur pembentukan.
Bergeraklah perlahan.
Bergeraklah dengan jujur. Bergeraklah dengan penuh pertimbangan.

UNTUK INDIVIDU

Renungan ini dimaksudkan untuk dijalani satu hari demi satu hari.
Tidak dipercepat.
Tidak ditumpuk. Tidak terburu-buru.
Ritme Harian yang Disarankan (20–30 Menit)
Setiap hari berisi:
• Kerangka naratif
• Dua ayat Alkitab (Perjanjian Lama dan Perjanjian Baru) • Pelajaran • Pertanyaan refleksi • Sebuah pernyataan • Sebuah doa • Langkah tindakan

Lanjutkan ke langkah berikutnya secara berurutan:
1. Bacalah dengan perlahan
Jangan membaca sekilas.
Jangan mencari poin-poin penting. Bacalah seolah-olah hidup Anda sedang diperiksa — karena memang demikian.
2. Duduklah bersama Kitab Suci
Bacalah kedua bagian tersebut dengan lantang jika memungkinkan.
Perhatikan ketegangan. Perhatikan penolakan. Perhatikan keyakinan.
Jangan membela diri dari Firman.
3. Refleksi Tanpa Pertunjukan
Pertanyaan-pertanyaan ini bukan untuk pamer kecerdasan. Pertanyaan-
pertanyaan ini adalah cermin.
Jawablah secara singkat.
Jawablah dengan jujur. Anda tidak dinilai — Anda sedang dibentuk.
4. Nyatakan dengan Niat
Pernyataan-pernyataan tersebut bukanlah pernyataan motivasi. Pernyataan-
pernyataan tersebut adalah pernyataan penyelarasan.

Ucapkanlah perlahan.
Biarkan keinginanmu setuju sebelum emosimu.

5. Patuhi Langkah Tindakan

Setiap hari mencakup tindakan ketaatan kecil.
Lakukan dengan tenang.
Jangan umumkan.
Jangan unggah. Jangan dramatiskan.
Pembentukan terjadi dalam ketaatan yang tersembunyi.

Postur untuk Penggunaan Pribadi

Agar renungan ini dapat berfungsi dengan baik:
• Bacalah satu hari saja
• Tahan keinginan untuk melompat ke depan • Jangan mencari pengalaman emosional — carilah keselarasan • Catat hanya hal-hal yang memperjelas ketaatan • Jika suatu hari membuat Anda merasa sangat bersalah, tetaplah di sana selama 24–48 jam
Transformasi tidak diukur berdasarkan kecepatan.

UNTUK KELUARGA

Perjalanan ini juga dapat digunakan dalam keluarga yang menghadapi perbedaan keyakinan, ketegangan antar generasi, atau struktur kepercayaan yang diwariskan.

Ritme yang disarankan:

• Setiap orang menyelesaikan bacaan harian secara individu
• Sekali seminggu, bagikan hanya apa yang dihadapi secara pribadi • Tidak ada koreksi. Tidak ada pengajaran. Tidak ada debat.

Hormati prosesnya.

Pembentukan suatu formasi tidak dapat bertahan dalam perdebatan.

UNTUK KELOMPOK KECIL & LINGKARAN PEMURIDAN

Renungan ini sangat bermanfaat dalam hal:
• Kelompok kepemimpinan
• Komunitas doa • Kelompok syafaat • Tim pemuridan • Lingkaran pembinaan rohani

Struktur yang Direkomendasikan

Alih-alih mengadakan pertemuan setiap hari, kelompok-kelompok tersebut sebaiknya:
• Selesaikan lima hari renungan secara pribadi
• Berkumpul sekali seminggu • Sisihkan satu hari untuk istirahat atau mengejar ketertinggalan

Hal ini memungkinkan ketaatan dipraktikkan secara pribadi dan diproses secara kolektif.

Sesi Kelompok Berdurasi 60–90 Menit

1. Mengheningkan Cipta Selama Lima Menit.

Tidak ada pembaruan. Tidak ada pengumuman. Biarkan ruangan tenang.

2. Refleksi Bersama (Tanpa Komentar)

Setiap orang hanya menjawab: • Apa yang membuat saya tercerahkan minggu ini? • Di mana saya menolak? • Apa yang Tuhan jelaskan?

Tidak ada pengajaran.

Tidak ada perbaikan. Tidak ada percakapan silang.

3. Membaca Ulang Kitab Suci

Bacalah kembali satu bagian Perjanjian Lama dan satu bagian Perjanjian Baru dengan lantang.

Tanyakan:
• Penyelarasan apa yang dibutuhkan? • Buah apa yang mulai terbentuk?

4. Doa.

Berdoalah untuk ketaatan — bukan kenyamanan. Nyatakan keselarasan bersama.

Perjanjian Kelompok (Tidak Dapat Ditawar)

Agar hal ini tetap menjadi lingkungan pembentukan:

• Tidak saling mengoreksi

• Tidak memberikan pengajaran yang tidak diminta • Tidak memberi nasihat kecuali diminta • Tidak berbagi di luar kelompok • Tidak ada perbandingan rohani

Ini adalah tanah suci.

Lindungilah.

UNTUK PEMIMPIN DAN FASILITATOR

Jika Anda membimbing orang lain melalui perjalanan ini:
Peran Anda bukanlah untuk mendominasi.
Tugas Anda adalah menjaga ritme dan suasana.
• Tunjukkan kejujuran sebagai teladan
• Berikan ruang untuk keheningan • Jangan terburu-buru dalam momen-momen yang tidak nyaman • Hindari mengubah refleksi menjadi khotbah
Buku ini membentuk karakter sebelum kemampuan.
Jika kapasitas tumbuh tanpa karakter, maka keruntuhan akan terjadi.

APA BUKU INI — DAN BUKAN APA BUKU INI
Buku ini adalah:
• Jalur pembentukan yang terstruktur
• Instrumen pemuridan • Konfrontasi kesetiaan • Tempat pelatihan untuk ketahanan
Buku ini bukan:
• Buku teks teologi
• Renungan motivasi • Studi yang berfokus pada kepribadian
• Pertunjukan kesaksian
Ini dirancang untuk meninggalkan bekas — bukan kesan.

Kata Penutup
Baik Anda menjalani perjalanan ini sendirian atau bersama komunitas, tanggung jawabnya tetap sama:
Anda tidak diminta untuk mengagumi cerita tersebut.
Anda diminta untuk memeriksa kesetiaan Anda.
Bacalah perlahan.
Patuhilah dengan tenang. Bersabarlah dengan tabah.
Dunia sedang membaca hidupmu.
Menjadi mudah dibaca.

BAGIAN II

PERJALANAN KESETIAAN STRATEGIS 40 HARI

Dibangun untuk Menahan Api - Tanggung Jawab Penjaga

Tema The Watchman bukanlah bahasa puitis.
Ini adalah tanggung jawab.
Yehezkiel 33:7 berbicara tentang seseorang yang melihat bahaya dan harus berbicara.
Pelayanan Isa menggambarkan generasi ini sebagai generasi di mana para imam berkompromi, para nabi menyimpang, para pemimpin menindas, dan orang-orang meninggalkan kekudusan.
Kegagalan itu bukan hanya terjadi di kalangan pemimpin.
Salah satu yang meninggalkan pos jaga adalah para penjaga.
Bagian II bukanlah kekaguman.
Ini soal penempatan posisi.
Selama empat puluh hari, Anda akan membangun apa yang mungkin telah Anda abaikan.
Anda tidak akan mengejar emosi.
Anda akan mengejar struktur.
Anda tidak akan mengejar pengalaman.
Anda akan mengembangkan daya tahan.
Anda tidak akan meniru sikap militan.
Anda akan menumbuhkan kesetiaan yang terdisiplin.
Ini bukan tentang menjadi berisik.
Ini tentang menjadi stabil.
Empat puluh hari ke depan bukanlah sekadar simbolis.
Itu adalah bentuk arsitektur.

Bagian I menunjukkan kepada Anda kehidupan yang ditempa di bawah tekanan.
Bagian II akan membantu Anda membangun sesuatu yang tetap berdiri tegak saat api datang.
Balik halaman.

HARI 1

Formasi Sebelum Kebakaran

Pembawa Berita

Sebelum Isa melihat surga.
Sebelum dia melihat neraka.
Sebelum dia melihat api dari langit.
Sebelum dia selamat dari tembakan peluru.
Dia terbentuk.
Ayahnya membangun struktur di rumah.
Doa dilakukan dengan disiplin. Rutinitas tidak bisa ditawar.
Keseriusan beragama ditegakkan.
Pada usia lima tahun, kebiasaan berpuasa sudah dimulai.
Saat memasuki masa remaja, pengulangan telah menjadi identitas.
Ketika krisis datang, dia tidak bereaksi secara acak.
Dia bereaksi berdasarkan formasi yang telah disiapkan.
Api itu tidak menciptakan kekuatan.
Formasi tersebut berhasil.

Ayat-ayat Suci
Perjanjian Lama
"Jika fondasi dihancurkan, apa yang dapat dilakukan orang benar?"
— Mazmur 11:3
Api menampakkan fondasi bangunan.

Perjanjian Baru

"Barangsiapa mendengar perkataan-Ku ini dan melakukannya, ia akan seperti orang bijak yang membangun rumahnya di atas batu."

— Matius 7:24

Ketahanan dibangun sebelum badai datang.

Pelajaran

Anda tidak akan mencapai tingkat yang Anda inginkan.
Anda akan jatuh ke level formasi Anda.
Pembentukan awal Isa membangun intensitas militan.
Kemudian, disiplin Kristen harus membangun kembali struktur tersebut.
Pelajaran untukmu:
Kepercayaan yang asal-asalan runtuh di bawah tekanan.
Iman yang disiplin akan tetap bertahan menghadapinya.
Anda tidak bisa menunggu krisis untuk membangun fondasi.

Pertanyaan Refleksi

1. Apa landasan spiritual saya saat ini?
2. Jika terjadi penganiayaan atau tekanan, kebiasaan apa yang akan mendukung saya?
3. Apakah doa saya didasari disiplin atau emosi?
4. Apakah saya lebih mengandalkan pertemuan gereja daripada ibadah pribadi?
5. Struktur harian apa yang membentuk loyalitas saya?

Tuliskan jawaban Anda.

Pernyataan

Berdiri dan nyatakan:
"Fondasi saya tidak akan terbentuk secara kebetulan.
Saya akan membangun sebelum badai datang. Kesetiaan saya akan terstruktur. Iman saya tidak akan runtuh di bawah tekanan."
Ulangi perlahan.

Doa Terstruktur (30 Menit)

1. Ibadah (10 menit)

Akui Kristus sebagai dasar Anda.

2. Pertobatan (10 menit)

Mengakui ketidakkonsistenan rohani dan kemalasan.

3. Penyelarasan (10 menit)

Mintalah Tuhan untuk menanamkan disiplin dalam kehidupan sehari-hari Anda.

Poin-Poin Tindakan

Hari ini Anda akan:

1. Tetapkan waktu shalat harian (minimal 20 menit).
2. Pilihlah satu Injil untuk dibaca secara konsisten selama 30 hari.
3. Singkirkan satu hal yang mengganggu dan melemahkan fokus.
4. Buatlah jadwal spiritual pribadi dan tempelkan di tempat yang mudah terlihat.
5. Beritahu seseorang bahwa Anda berkomitmen untuk pertumbuhan yang disiplin.

HARI KE-2

Kekuatan Tenang yang Mengubah Suasana

Pembawa Berita

Konversi pertama di rumah tangga itu tidak berisik.
Itu bukan gerakan militan.
Itu bukan gerakan konfrontatif. Itu tidak menuntut perubahan segera.
Itu adalah seorang ibu.
Dia tidak meninggalkan rumah.
Dia tidak memulai debat publik. Dia tidak mengabaikan tanggung jawabnya.
Dia tetap tinggal.
Di dalam rumah Islami yang terstruktur ketat.
Di dalam ketegangan. Di dalam risiko.
Pertobatannya tidak dimulai dengan perdebatan.
Semuanya berawal dari konsistensi.
Terkadang sejarah berubah bukan melalui kekerasan, tetapi melalui ketekunan yang tenang.

Ayat-ayat Suci
Perjanjian Lama
"Dengan hikmat rumah dibangun, dan dengan pengertian rumah itu ditegakkan."
— Amsal 24:3
Tidak setiap fondasi dibangun melalui kekuatan.
Beberapa dibangun melalui kestabilan.
Perjanjian Baru
"Demikian juga kamu, para istri, tunduklah kepada suamimu, supaya sekalipun ada yang tidak taat kepada firman, mereka dapat dimenangkan tanpa kata-kata, yaitu melalui perilaku istri

mereka."
— 1 Petrus 3:1
Transformasi tidak selalu berisik.
Seringkali transformasi dapat diamati.

Pelajaran
Kekuasaan tidak selalu mengumumkan dirinya sendiri.
Terkadang hal itu bertahan.
Sang ibu tidak memaksa untuk berpindah agama.
Ia memberikan teladan berupa keyakinan.
Dia tidak melepaskan diri dari kesulitan.
Dia tetap berada di dalamnya.
Banyak orang beriman percaya bahwa lolos dari maut adalah wujud iman.
Namun terkadang ketahanan adalah iman.
Rumah Anda.
Tempat kerja Anda. Lingkungan Anda.
Anda mungkin tidak dapat mengendalikan struktur di sekitar Anda.
Namun, Anda mengendalikan konsistensi Anda di dalamnya.

Pertanyaan Refleksi

1. Di manakah Tuhan menempatkan saya sehingga terasa tidak bersahabat atau kering secara rohani?
2. Apakah aku mencoba melarikan diri alih-alih bertahan?
3. Apakah perilaku saya mencerminkan transformasi?
4. Apakah seseorang yang tinggal bersama saya akan melihat Kristus tanpa saya berkhotbah?
5. Apakah saya konsisten saat tidak terlihat?

Tulis jawabanmu perlahan.

Pernyataan
Ucapkan dengan lantang:
"Saya tidak akan meninggalkan jabatan saya.
Konsistensi saya akan berbicara. Perilaku saya akan

mencerminkan Kristus. Saya akan bertahan tanpa kompromi."
Ulangi dengan sengaja.

Doa Terstruktur (30 Menit)
1. Ibadah (10 Menit)
Bersyukurlah kepada Tuhan atas lingkungan yang telah Dia berikan kepada Anda.
2. Menyerah (10 Menit)
Lepaskan rasa frustrasi Anda terhadap lingkungan yang sulit.
3. Kekuatan (10 Menit)
Mintalah ketahanan yang tenang dan keyakinan yang teguh.

Poin-Poin Tindakan
Hari ini Anda akan:

1. Pilihlah satu hubungan di mana Anda akan meneladani Kristus melalui perilaku, bukan melalui argumen.
2. Hilangkan satu kebiasaan reaktif (mengeluh, berbicara kasar, menghindar).
3. Tuliskan satu kalimat komitmen tentang konsistensi dan tempelkan di tempat yang mudah terlihat.
4. Berdoalah secara khusus untuk seseorang di lingkungan Anda yang tidak setuju dengan Anda.
5. Berkomitmenlah untuk tetap setia di tempat Anda berada selama 7 hari ke depan tanpa mundur.

HARI KE-3

Keyakinan yang Mampu Bertahan Melewati Pedang

Pembawa Berita

Ketika keyakinan beralih dari penantian yang tenang menjadi pernyataan yang terlihat, reaksi pun semakin intensif.
Sang putra memilih jalan yang berbeda.
Keputusan itu bukan sekadar teori.
Itu adalah keputusan publik.
Dan respons yang diberikan tidaklah ringan.
Sebuah pedang diangkat.
Harga kesetiaan terasa seketika.
Keyakinan ditoleransi selama bersifat pribadi.
Hal itu ditentang ketika menjadi terlihat.
Iman yang tetap diam sering menghindari konfrontasi.
Iman yang dikenal publik justru menarik perlawanan.
Kesetiaan selalu membawa konsekuensi.

Ayat-ayat Suci
Perjanjian Lama
"Pilihlah sendiri siapa yang akan kamu layani pada hari ini...
Tetapi aku dan keluargaku akan melayani TUHAN."
— Yosua 24:15
Kesetiaan publik menuntut pengambilan keputusan.
Perjanjian Baru
"Sesungguhnya, semua orang yang ingin hidup saleh di dalam Kristus Yesus akan mengalami penganiayaan."
— 2 Timotius 3:12
Keyakinan bukanlah sesuatu yang netral.
Keyakinan memicu reaksi.

Pelajaran

Setiap orang beriman pada akhirnya akan menghadapi pertanyaan ini:
Akankah kesetiaan saya tetap bersifat internal, atau akankah itu terlihat?
Saat keyakinan beralih dari pemikiran ke pernyataan, tekanan pun meningkat.
Ini tidak selalu berarti kekerasan fisik.
Ini mungkin berarti:

- Perlawanan sosial
- Ketegangan dalam keluarga
- Keterbatasan karir
- Penolakan
- Salah paham

Pedang itu mungkin bukan terbuat dari logam.
Tapi itu akan menjadi kenyataan.
Keyakinan yang tidak dapat bertahan menghadapi perlawanan belum berakar.

Pertanyaan Refleksi

1. Di mana selama ini aku menyembunyikan imanku untuk menghindari ketidaknyamanan?
2. Hubungan apa saja yang akan berubah jika saya sepenuhnya transparan tentang kesetiaan saya?
3. Apakah saya siap menghadapi kesalahpahaman?
4. Ketakutan apa yang membuat keyakinanku sebagian tersembunyi?
5. Akankah saya tetap tenang jika tekanan meningkat?

Jawablah tanpa berlebihan secara spiritual.

Pernyataan

Berdiri dan nyatakan:
"Kesetiaan saya tidak bersyarat.
Saya tidak akan mengurangi keyakinan saya. Saya akan tetap teguh di bawah tekanan. Saya memilih Kristus secara terbuka dan tanpa kompromi."
Ucapkan perlahan.

Doa Terstruktur (30 Menit)

1. Ibadah (10 Menit)

Akui Kristus sebagai Tuhan atas reputasi Anda.

2. Keberanian (10 Menit)

Mohonlah kekuatan untuk berdiri tanpa permusuhan dan tanpa rasa takut.

3. Perlindungan (10 Menit)

Berdoa memohon kebijaksanaan dan perlindungan ilahi atas kesetiaan yang tampak.

Poin-Poin Tindakan

Hari ini Anda akan:

1. Nyatakan diri Anda secara terbuka sebagai bagian dari Kristus dalam satu cara kecil namun disengaja.
2. Tolak satu kompromi pun yang melemahkan integritas.
3. Lakukan satu percakapan jujur yang selama ini Anda hindari.
4. Bacalah Yosua 24 dengan lantang.
5. Berdoalah secara khusus untuk keberanian, bukan untuk penghiburan.

HARI KE-4

Ketika Tuhan Menginterupsi Pedang

Pembawa Berita

Pedang itu asli.
Niat itu sudah final.
Pemogokan itu bukanlah sekadar simbolis.
Namun, pedang itu tidak mengenai sasaran.
Apa yang seharusnya mengakhiri hidup tidak berhasil.
Ada saat-saat dalam hidup di mana intervensi tidak dapat dipungkiri.
Ketika keadaan melampaui penjelasan manusia.
Di mana bertahan hidup bukanlah strategi.
Ini adalah gangguan.
Sebelum menyerah.
Sebelum pelayanan. Sebelum dampak publik.
Ada upaya pelestarian.
Terkadang Tuhan melindungi Anda sebelum Anda sepenuhnya memahami alasannya.

Ayat-ayat Suci
Perjanjian Lama
"Tidak ada senjata yang dibentuk untuk melawanmu yang akan berhasil."
— Yesaya 54:17
Senjata dapat terbentuk.
Namun, senjata tidak selalu memenuhi tujuannya.
Perjanjian Baru
"Tuhan akan menyelamatkan aku dari segala serangan jahat dan akan membawa aku dengan selamat ke kerajaan surga-

Nya."
— 2 Timotius 4:18
Penyelamatan tidak menghilangkan serangan.
Ia menimpa serangan tersebut.

Pelajaran
Intervensi bukanlah hak.
Itu adalah belas kasihan.
Pelestarian bukanlah bukti kesempurnaan.
Ini adalah bukti adanya tujuan.
Sebagian orang menafsirkan bertahan hidup sebagai keberuntungan.
Yang lain menafsirkannya sebagai masalah waktu.
Namun, ketika sesuatu yang dimaksudkan untuk menghancurkanmu justru gagal,
itu menuntut refleksi.
Tanyakan pada diri Anda:
Mengapa aku masih di sini?
Anda telah selamat:

- Kecelakaan.
- Penyakit.
- Keruntuhan keuangan.
- Gangguan emosional.
- Situasi yang seharusnya berakhir berbeda.

Pelestarian bukanlah sesuatu yang pasif.
Hal itu membawa tanggung jawab.
Jika Anda diselamatkan,
Anda diselamatkan untuk sesuatu.

Pertanyaan Refleksi

1. Di bagian mana dalam hidup saya, saya pernah melihat praktik pelestarian dengan jelas?
2. Apakah saya menganggap enteng masalah bertahan hidup?

3. Apakah aku pernah bertanya mengapa Tuhan menyelamatkan nyawaku?
4. Apakah aku menjalani hidupku seolah-olah hidupku memiliki tujuan?
5. Apa yang hampir menghancurkan saya sebelumnya?

Tuliskan momen-momen spesifik.

Pernyataan

Ucapkan dengan lantang:

"Aku dipelihara untuk suatu tujuan.
Kelangsungan hidupku bukanlah suatu kebetulan.
Aku tidak akan menyia-nyiakan rahmat ilahi.
Aku akan hidup dengan penuh kesadaran."

Ulangi perlahan.

Doa Terstruktur (30–35 Menit)

1. Rasa Syukur (10 Menit)

Bersyukurlah kepada Tuhan atas momen-momen perlindungan tertentu.

2. Penyerahan Diri (10 Menit)

Serahkan masa depanmu kepada-Nya dengan sengaja.

3. Penyelarasan (10–15 Menit)

Mintalah klarifikasi mengenai tugas Anda.

Poin-Poin Tindakan

Hari ini Anda akan:

1. Tuliskan tiga momen spesifik di mana Anda diselamatkan.
2. Bagikan salah satu kesaksian itu kepada seseorang.
3. Singkirkan satu kebiasaan yang menodai anugerah untuk bertahan hidup.
4. Bacalah Mazmur 23 dengan lantang.
5. Persembahkan satu bidang kehidupan Anda sepenuhnya untuk tujuan Tuhan.

HARI KE-5

Ketika Kebenaran Mengganggu Anda

Pembawa Berita

Dia melihat.
Dia diperlihatkan neraka.
Dia mengenali wajah-wajah itu.
Dia melihat para guru agama yang dihormati sedang disiksa.
Dia melihat surga.
Dia melihat ketertiban dan kedamaian.
Dia kembali.
Dan dia tidak menyerah.
Kebenaran tidak selalu menghasilkan kepatuhan secara langsung.
Terkadang hal itu menimbulkan gangguan.
Gangguan bukanlah konversi.
Ini adalah pengungkapan.
Anda bisa melihat dan tetap melawan.
Anda bisa tahu, tetapi tetap menunda.
Anda bisa saja dihadapkan pada tantangan dan tetap menjadi keras hati.
Ada saatnya kebenaran berdiri di depan pintu,
dan Anda yang memutuskan apakah akan membukanya.

Ayat-ayat Suci
Perjanjian Lama
"Firaun mengeraskan hatinya dan tidak mau mendengarkan."
— Keluaran 8:15
Melihat tanda-tanda tidak menjamin penyerahan diri.
Perjanjian Baru

"Hari ini, jika kamu mendengar suara-Nya, janganlah mengeraskan hatimu."
— Ibrani 3:15
Penundaan dapat berubah menjadi perlawanan.

Pelajaran

Banyak orang beriman berpikir bahwa ketidaktahuan adalah masalah mereka.
Seringkali tidak demikian.
Seringkali masalahnya adalah keterlambatan.
Anda sudah tahu:

- Di mana kompromi terwujud.
- Di mana disiplin kurang.
- Di mana kesetiaan terbagi.
- Di mana pertobatan dibutuhkan.

Kebenaran telah mengganggu Anda sebelumnya.
Pertanyaannya adalah:
Apakah kamu berakting?
Gangguan adalah rahmat.
Namun, belas kasihan itu harus ditanggapi.

Pertanyaan Refleksi

1. Kebenaran apa yang telah Tuhan tunjukkan kepadaku yang telah kutunda untuk ditindaklanjuti?
2. Di mana letak kesalahan saya saat ini dalam menolak koreksi?
3. Kebiasaan apa yang saya tahu harus diubah tetapi belum saya atasi?
4. Apakah saya bereaksi cepat terhadap keyakinan?
5. Apakah aku menjadi mati rasa secara spiritual?

Jawab dengan jujur.

Pernyataan

Ucapkan dengan lantang:

"Aku tidak akan menolak kebenaran.
Aku tidak akan menunda ketaatan. Ketika keyakinan datang, aku akan menanggapinya. Hatiku akan tetap lembut."
Ulangi perlahan.

Doa Terstruktur (30–40 Menit)
1. Pengakuan (10 Menit)
Sebutkan area spesifik di mana Anda menolak untuk divonis bersalah.
2. Pelunakan Hati (10 Menit)
Berdoalah kepada Tuhan untuk menghilangkan kekerasan hati.
3. Ketaatan (10–15 Menit)
Berdoa memohon keberanian untuk bertindak segera ketika dihadapkan pada situasi yang tidak diinginkan.
Akhiri dengan:
"Hari ini aku memilih ketaatan daripada penundaan."

Poin-Poin Tindakan
Hari ini Anda akan:

1. Lakukan satu tindakan yang telah Anda tunda secara spiritual.
2. Minta maaf jika Anda telah menunda pertobatan.
3. Hilangkan satu kompromi yang berulang.
4. Berpuasa satu kali makan sebagai tanda respons.
5. Tuliskan satu area ketaatan yang harus segera Anda lakukan dan selesaikan hari ini juga.

HARI KE-6

Hari Pengalihan Kesetiaan

Pembawa Berita

Setelah terjadi gangguan.
Setelah perlawanan.
Setelah konfrontasi.
Setelah kebakaran.
Setelah selamat.
Ada suatu momen yang tidak mengguncangnya secara lahiriah.
Hal itu menghancurkannya dari dalam.
Dia menggambarkannya sebagai keadaan trans.
Dia melihat Yesus.
Dia melihat neraka lagi.
Dia melihat surga lagi.
Namun kali ini, sesuatu yang berbeda terjadi.
Dia tidak kembali dalam keadaan yang sama.
Dia menyerah.
Pada tahun 1982, kesetiaan dialihkan.
Dia tidak menambahkan Yesus ke dalam sistem kepercayaannya.
Dia tidak menegosiasikan identitasnya.
Dia tidak mengubah Islam.
Dia mengalihkan kesetiaannya.
Itulah arti sebenarnya dari pertobatan:
Transfer.

Ayat-ayat Suci
Perjanjian Lama
"Sampai kapan kamu bimbang di antara dua pendapat? Jika TUHAN adalah Allah, ikutilah Dia; tetapi jika Baal, ikutilah

dia."
— 1 Raja-raja 18:21
Kesetiaan tidak dapat dibagi tanpa batas waktu.

Perjanjian Baru
"Karena Dialah yang telah menyelamatkan kita dari kuasa kegelapan dan membawa kita ke dalam Kerajaan Anak yang dikasihi-Nya."
— Kolose 1:13
Keselamatan adalah relokasi.
Ini adalah pengalihan kekuasaan.

Pelajaran
Banyak orang percaya mengagumi Yesus.
Sedikit yang berpindah kesetiaan.
Kekaguman berkata:
"Saya setuju."
Transfer mengatakan:
"Aku pantas berada di sini."
Transfer berarti:

- Kristus lebih tinggi daripada rasa takut.
- Kristus lebih tinggi kedudukannya daripada suku.
- Kristus lebih unggul daripada identitas masa lalu.
- Kristus lebih tinggi kedudukannya daripada ideologi.
- Kristus lebih penting daripada sekadar bertahan hidup.

Sampai kesetiaan beralih,
formasi tetap terpecah.
Anda tidak dapat melayani dua tuan.
Anda tidak bisa tinggal di dua kerajaan.
Akan tiba saatnya keputusan menjadi final.

Pertanyaan Refleksi
1. Apakah aku benar-benar telah mengalihkan kesetiaanku, ataukah aku terpecah secara spiritual?
2. Loyalitas bertentangan apa yang masih mengendalikan saya?

3. Apakah saya takut kehilangan sesuatu jika saya terjun sepenuhnya?
4. Apa harga yang harus saya bayar jika menyerah total?
5. Jika hari ini adalah hari transfer saya, apa yang akan langsung berubah?

Menulis tanpa kinerja spiritual.

Pernyataan

Berdiri secara fisik.

Ucapkan dengan lantang:

"Saya sepenuhnya menyerahkan kesetiaan saya kepada Yesus Kristus.

Dia adalah Tuhan atas identitas saya, masa lalu saya, dan masa depan saya. Saya menolak kesetiaan yang terbagi. Saya milik Kristus."

Ulangi perlahan dan dengan sengaja.

Doa Terstruktur (40 Menit)

1. Ibadah (10 Menit)

Nyatakan kekuasaan Kristus atas setiap aspek kehidupan Anda.

2. Pelepasan (10 Menit)

Secara verbal melepaskan loyalitas yang saling bertentangan.

3. Menyerah (10 Menit)

Tawarkan identitas, reputasi, dan masa depan Anda.

4. Perjanjian (10 Menit)

Bubuhkan sumpah setia Anda dalam komitmen lisan.

Akhiri dengan:

"Kesetiaanku sudah pasti."

Poin-Poin Tindakan

Hari ini Anda akan:

1. Tuliskan perjanjian kesetiaan satu halaman dan tandatangani.
2. Hancurkan atau singkirkan satu benda atau kebiasaan yang terkait dengan loyalitas yang terpecah.

3. Nyatakan diri Anda secara terbuka sebagai pengikut Kristus dengan satu cara yang jelas.
4. Berpuasa satu kali makan sebagai tindakan penyerahan diri secara fisik.
5. Hafalkan Kolose 1:13.

HARI KE-7

Ketika Kesetiaan Memicu Perlawanan

Pembawa Berita

Menyerah tidak membawa kenyamanan.
Hal itu memicu konfrontasi.
Setelah kesetiaan dialihkan, perlawanan semakin intensif.
Dia menjadi sasaran.
Sistem yang pernah ia bela kini menjadikannya sasaran eliminasi.
Tembakan dilepaskan.
Racun telah diberikan.
Pengejaran terjadi setelah pengakuan tersebut.
Konversi bukanlah jalan keluar dari konflik.
Ini adalah pintu masuk ke tempat yang berbeda.
Kesetiaan akan membongkar jati dirimu.

Ayat-ayat Suci
Perjanjian Lama
"Lalu Saul menjadi sangat marah… dan sejak hari itu Saul mengawasi Daud dengan saksama."
— 1 Samuel 18:8-9
Ketika dukungan bergeser, pihak oposisi mengamati.
Perjanjian Baru
"Jika dunia membenci kamu, ingatlah bahwa dunia telah membenci Aku terlebih dahulu."
— Yohanes 15:18
Perlawanan bukanlah bukti kegagalan.
Itu adalah bukti keselarasan.

Pelajaran

Banyak orang beriman mengharapkan kedamaian segera setelah penyerahan diri.
Namun kesetiaan mengubah loyalitas.
Dan perubahan loyalitas memicu reaksi.
Perlawanan mungkin tidak terlihat seperti suara tembakan.
Mungkin akan terlihat seperti ini:

- Isolasi.
- Penolakan halus.
- Kehilangan kesempatan.
- Kecurigaan.
- Kerusakan reputasi.

Jika Anda mengukur kesetiaan berdasarkan kenyamanan, Anda akan mundur.
Jika kamu mengukur kesetiaan dengan ketaatan, kamu akan bertahan.
Oposisi memperjelas identitas.

Pertanyaan Refleksi

1. Apa yang berubah dalam hidupku setelah aku sungguh-sungguh mengenal Kristus?
2. Di mana saya salah mengartikan penentangan sebagai kegagalan?
3. Apakah saya harus mundur ketika merasakan perlawanan?
4. Bentuk perlawanan apa yang paling membuat saya gentar?
5. Apakah saya terkejut ketika ketaatan menuntut pengorbanan dari saya?

Tulislah dengan tepat.

Pernyataan

Ucapkan dengan lantang:
"Aku tidak akan mundur di bawah perlawanan.
Perlawanan akan memurnikanku, bukan menyingkirkanku.

Kesetiaanku tidak bergantung pada kenyamanan. Aku berdiri teguh."
Ulangi dengan penuh semangat.

Doa Terstruktur (35 Menit)
1. Ibadah (10 Menit)
Akui Kristus sebagai Tuhan atas segala peperanganmu.
2. Kekuatan (10 Menit)
Berdoa memohon ketahanan dalam menghadapi kesulitan.
3. Perlindungan (10 Menit)
Mohon perlindungan ilahi atas hidup Anda dan keluarga.
4. Keteguhan Hati (5 Menit)
Berkomitmenlah pada ketahanan tanpa mempedulikan hasilnya.
Tutup dengan:
"Saya tetap teguh."

Poin-Poin Tindakan
Hari ini Anda akan:

1. Identifikasi satu area di mana penolakan membuat Anda ragu-ragu.
2. Bangkitkan kembali area tersebut dengan berani.
3. Berikan semangat kepada orang lain yang menghadapi kesulitan.
4. Bacalah 1 Samuel 18 perlahan-lahan.
5. Tolak satu keputusan yang didasarkan pada rasa takut.

HARI KE-8

Terlindungi di Bawah Tembakan

Pembawa Berita

Setelah menyerah, serangan semakin meningkat.
Peluru menembus tubuhnya.
Logam menghantam kepalanya.
Darah mengalir.
Dia dianggap telah meninggal.
Racun telah diberikan.
Pengejaran semakin intensif.
Sembilan percobaan telah dilakukan.
Namun, dia tetap hidup.
Pelestarian bukanlah penyangkalan terhadap bahaya.
Ini adalah penghentian kehancuran.
Ada saat-saat ketika bertahan hidup itu sendiri menjadi sebuah kesaksian.
Pertanyaannya bukan hanya:
"Mengapa saya diserang?"
Namun juga:
"Mengapa aku masih di sini?"

Ayat-ayat Suci
Perjanjian Lama
"Banyaklah penderitaan orang benar, tetapi TUHAN menyelamatkan dia dari semuanya itu."
— Mazmur 34:19
Penderitaan tidak meniadakan kebenaran.
Pembebasan menegaskan tujuan.
Perjanjian Baru
"Kami ditekan dari segala sisi, namun tidak hancur; bingung, namun tidak putus asa; dianiaya, namun tidak ditinggalkan;

dipukul jatuh, namun tidak binasa."
— 2 Korintus 4:8-9
Terjatuh tidak sama dengan hancur.

Pelajaran
Beberapa orang selamat dari hal-hal yang seharusnya mengakhiri hidup mereka.
Kecelakaan.
Serangan. Penyakit. Keruntuhan keuangan. Gangguan mental.
Kamu masih di sini.
Pelestarian adalah tanggung jawab.
Jika Tuhan melindungi Anda,
Dia melindungi Anda untuk sesuatu.
Bertahan hidup tanpa tujuan menjadi sia-sia.
Bertahan hidup dengan tujuan menjadi sebuah misi.
Anda harus memutuskan mana yang akan menjadi jalan hidup Anda.

Pertanyaan Refleksi

1. Apa yang telah saya lalui yang jarang saya akui?
2. Apakah saya memperlakukan pengawetan dengan enteng?
3. Untuk tujuan apa Tuhan melindungi saya?
4. Apakah saya telah menjalani hidup dengan penuh kesadaran sejak saya diawetkan?
5. Apa yang akan berubah jika saya percaya bahwa kelangsungan hidup saya adalah sebuah takdir?

Tuliskan peristiwa-peristiwa spesifik.

Pernyataan
Berdiri dan nyatakan:
"Aku dipertahankan untuk suatu tujuan.
Apa yang seharusnya menghancurkanku tidak terjadi. Aku tidak akan menyia-nyiakan hidupku. Hidupku membawa sebuah tugas."
Ulangi dengan sengaja.

Doa Terstruktur (35–40 Menit)

1. Rasa Syukur (10 Menit)

Bersyukurlah kepada Tuhan atas momen-momen tertentu yang telah diabadikan.

2. Pertobatan (10 Menit)

Akui di mana Anda telah menyia-nyiakan hidup Anda.

3. Penyelarasan (10–15 Menit)

Mintalah kejelasan dan keberanian untuk berjalan sesuai tujuan.

4. Komitmen (5 Menit)

Serahkan kembali hidup Anda yang telah diselamatkan kepada Tuhan.

Tutup dengan:

"Aku menjalani hidupku dengan penuh kesadaran."

Poin-Poin Tindakan

Hari ini Anda akan:

1. Tuliskan tiga momen berharga dalam hidup Anda.
2. Bagikan satu kesaksian kepada seseorang.
3. Singkirkan satu kebiasaan yang menodai anugerah untuk bertahan hidup.
4. Bacalah Mazmur 34 dengan lantang.
5. Ambil satu langkah menuju ketaatan yang bermakna.

HARI KE-9

Kesetiaan Tanpa Pengumuman

Pembawa Berita

Setelah menyerah, jarak pandang menjadi berbahaya.
Bukan hanya untuk dirinya sendiri —
tetapi juga untuk orang-orang di sekitarnya.
Dia menggambarkan hidupnya sebagai berada "di antara dua dunia."
Mantan sekutu mencapnya sebagai pengkhianat.
Para pengikut baru mengawasinya dengan waspada.
Bergaul dengannya bisa mendatangkan serangan.
Dia tidak bisa bergerak dengan berisik.
Dia harus bertindak dengan bijak.
Di banyak lingkungan yang tidak bersahabat, beberapa orang yang berpindah agama tidak langsung pindah.
Mereka tetap berada di dalam keluarga mereka.
Di dalam komunitas mereka. Terkadang bahkan di dalam bangunan masjid secara lahiriah.
Namun secara internal, loyalitas telah bergeser.
Kemuridan tersembunyi bukanlah penyangkalan.
Ini adalah strategi.
Tidak setiap musim memungkinkan deklarasi publik tanpa konsekuensi.
Kebijaksanaan bukanlah pengecut.
Ini adalah bentuk tanggung jawab

Ayat-ayat Suci

Perjanjian Lama

"Naaman berkata... ketika tuanku pergi ke bait Rimmon untuk beribadah di sana... semoga TUHAN mengampuni hamba-Mu ini."

— 2 Raja-raja 5:18

Kesetiaan bergeser sebelum lingkungan berubah.

Perjanjian Baru

"Ada seorang dari golongan Farisi bernama Nikodemus... yang datang kepada Yesus pada malam hari."

— Yohanes 3:1-2

Sebagian murid memulai secara diam-diam sebelum tampil di depan umum.

Pelajaran

Kesetiaan tidak selalu terlihat dramatis.

Ada saat-saat di mana kebijaksanaan menuntut kehati-hatian.

Tujuannya bukanlah popularitas.

Tujuannya adalah kesetiaan.

Sebagian orang beriman menganggap kebisingan sebagai keberanian.

Yang lain menganggap diam sebagai kompromi.

Perbedaannya terletak pada motif.

Apakah Anda diam karena takut —

atau karena ketaatan strategis?

Apakah Anda bersembunyi untuk menghindari penderitaan

—

atau untuk mempertahankan tugas Anda?

Terkadang Tuhan bekerja di bawah tanah sebelum membawa Anda ke permukaan.

Pertanyaan Refleksi

1. Apakah saya menyembunyikan iman saya karena takut — atau karena menggunakan kebijaksanaan?
2. Di bagian mana saya perlu lebih berani?
3. Di mana saya perlu lebih strategis?
4. Apakah saya salah mengartikan diam sebagai kompromi?

5. Apakah kesetiaan batin saya tetap teguh bahkan ketika tak terlihat?

Jawablah dengan hati-hati.

Pernyataan

Ucapkan dengan lantang:
"Kesetiaanku teguh, baik terlihat maupun tak terlihat. Aku akan bertindak dengan bijaksana. Aku tidak akan menyangkal Kristus. Aku tidak akan bertindak bodoh. Kesetiaanku telah mantap."
Ulangi dengan sengaja.

Doa Terstruktur (35 Menit)

1. Ibadah (10 Menit)
Hormati Kristus sebagai Tuhan atas kehidupan publik dan pribadi Anda.

2. Kebijaksanaan (10 Menit)
Mintalah kebijaksanaan untuk mengetahui kapan harus berbicara dan kapan harus menunggu.

3. Keberanian (10 Menit)
Berdoalah memohon keberanian ketika saatnya tiba untuk tampil.

4. Perlindungan (5 Menit)
Serahkan diri Anda dan orang lain kepada perlindungan ilahi.
Tutup dengan:
"Jadikan aku bijaksana dan setia."

Poin-Poin Tindakan

Hari ini Anda akan:

1. Identifikasi satu bidang di mana Anda membutuhkan keberanian.
2. Identifikasi satu area di mana Anda membutuhkan pengekangan.
3. Berdoalah dengan sungguh-sungguh untuk orang-orang percaya di wilayah yang bermusuhan.
4. Bacalah 2 Raja-raja 5 dan Yohanes 3 perlahan-lahan.
5. Pilihlah ketaatan daripada dorongan hati.

HARI KE-10

Ketika Kemunafikan Membuatmu Ingin Berbalik

Pembawa Berita

Penganiayaan sama sekali tidak menghancurkannya.
Peluru tidak berhasil.
Racun juga tidak.
Kemunafikan hampir saja terjadi.
Setelah menyerah.
Setelah selamat. Setelah pelayanan dimulai.
Dia memasuki lingkungan Kristen.
Dia mengharapkan disiplin.
Dia mengharapkan integritas. Dia mengharapkan praktik yang selaras dengan khotbah.
Sebaliknya, ia melihat ketidakkonsistenan.
Dia melihat para pemimpin berkhotbah tentang apa yang tidak mereka jalani.
Dia melihat penampilan spiritual tanpa substansi. Dia melihat standar ganda.
Dia telah menyatakan dengan jelas: ada suatu masa ketika dia hampir kembali memeluk Islam — bukan karena Islam kembali meyakinkannya, tetapi karena kemunafikan di dalam Kekristenan membuatnya jijik.
Tekanan itu tidak berasal dari luar.
Itu berasal dari dalam.
Itu lebih berbahaya.

Ayat-ayat Suci
Perjanjian Lama

"Celakalah para gembala yang membinasakan dan menyebarkan domba-domba di padang rumput-Ku!"
— Yeremia 23:1
Kegagalan kepemimpinan merusak kepercayaan.

Perjanjian Baru
"Celakalah kamu, para ahli Taurat dan orang-orang Farisi, kamu orang-orang munafik!"
— Matius 23:27
Kemunafikan bersifat merusak secara spiritual.

Pelajaran
Banyak orang beriman dapat bertahan dari penganiayaan.
Hanya sedikit yang mampu bertahan dari kekecewaan.
Penentangan dari luar memperkuat tekad.
Kemunafikan internal melemahkan kepercayaan.
Jika Anda membangun iman Anda pada orang lain,
orang lain akan menggoyahkan iman Anda.
Jika kamu membangun imanmu di atas Kristus,
orang lain tidak dapat mencabutmu dari akarnya.
Kegagalan orang lain tidak menghapus kebenaran.
Ketidakkonsistenan para pemimpin tidak membatalkan keabsahan Kristus.
Anda harus memutuskan:
Akankah kemunafikan menjadi alasanmu —
atau justru menjadi penyempurnaanmu?

Pertanyaan Refleksi

1. Apakah ketidakkonsistenan seseorang telah melemahkan iman saya?
2. Apakah secara diam-diam saya membenarkan kompromi saya sendiri karena orang lain?
3. Apakah kesetiaanku kepada Kristus — atau kepada manusia?
4. Di mana saya tergoda untuk mundur karena kekecewaan?
5. Apakah saya justru ikut berkontribusi pada kemunafikan yang saya kritik?

Jawablah tanpa bersikap defensif.

Pernyataan
Ucapkan dengan lantang:
"Iman saya berlandaskan pada Kristus, bukan pada manusia.
Kegagalan orang lain tidak akan menentukan ketaatan saya.
Saya menolak kemunafikan dalam hidup saya sendiri.
Saya tetap setia."
Ulangi perlahan.

Doa Terstruktur (40 Menit)
1. Ibadah (10 Menit)
Pusatkan imanmu hanya pada Kristus.
2. Lepaskan (10 Menit)
Maafkan mereka yang ketidakkonsistenannya telah menyakitimu.
3. Pemurnian (10–15 Menit)
Mintalah kepada Tuhan untuk menghilangkan kemunafikan dalam hidup Anda sendiri.
4. Resolusi (5 Menit)
Berkomitmen pada integritas pribadi.
Tutup dengan:
"Aku akan menjalani apa yang kukatakan."

Poin-Poin Tindakan
Hari ini Anda akan:

1. Maafkan satu orang yang ketidakkonsistenannya telah menyakitimu.
2. Identifikasi satu bidang di mana praktik Anda harus sesuai dengan khotbah Anda.
3. Bacalah Matius 23 dengan saksama.
4. Singkirkan satu standar ganda dari hidup Anda.
5. Perkuat ibadah pribadi Anda — tanpa terlihat oleh orang lain.

HARI KE-11

"Kita Sudah Keterlaluan"

Pembawa Berita

Ada momen setelah pertobatannya.
Setelah pelayanan dimulai.
Setelah khotbah. Setelah buah yang terlihat.
Kekecewaan pun muncul.
Dia melihat kemunafikan.
Dia melihat ketidakkonsistenan. Dia melihat standar ganda dalam hal spiritual.
Dan secara internal, dia membuat sebuah keputusan.
Dia akan kembali.
Ia telah memutuskan dalam hatinya bahwa pesan yang akan ia sampaikan itu akan menjadi pesan terakhirnya.
Setelah itu, dia akan kembali memeluk Islam.
Dia menyimpulkan bahwa apa yang ditinggalkannya setidaknya sudah tertata dengan baik.
Apa yang dia masuki terasa bermasalah.
Kemudian, dia membuka pintu kamar hotelnya.
Dan dia mengatakan bahwa Yesus sedang berdiri di sana.
Dia menggambarkan bagaimana dia jatuh di bawah kekuasaan.
Dan dia menceritakan kembali kata-kata itu dengan jelas:
"Kita sudah melangkah terlalu jauh. Sudah terlambat untuk mundur."
Momen itu bukanlah tentang keselamatan.
Ini tentang ketekunan.
Bukan tentang konversi.
Tentang komitmen.
Ada kalanya mundur terasa logis.
Lalu surga menyela.

Ayat-ayat Suci

Perjanjian Lama

"Ingatlah istri Lot."

— Lukas 17:32 (merujuk pada Kejadian 19)

Menengok ke belakang dapat menghancurkan takdir.

Perjanjian Baru

"Barangsiapa yang telah meletakkan tangannya pada bajak, lalu menoleh ke belakang, ia layak melayani di dalam Kerajaan Allah."

— Lukas 9:62

Kemajuan membutuhkan penolakan untuk mundur.

Pelajaran

Retret spiritual jarang dimulai secara terbuka.
Semuanya dimulai secara pribadi.
Anda memutuskan secara internal sebelum mengumumkannya secara eksternal.
Kekecewaan itu sangat kuat.
Begitu pula dengan kekecewaan.
Namun, penarikan diri itu berbahaya.
Anda tidak diperbolehkan secara fisik meninggalkan keyakinan tersebut.
Namun Anda bisa mundur dengan intensitas.
Dengan disiplin. Dengan pengabdian. Dengan keseriusan.
Ada saat-saat ketika Tuhan harus menegur keputusanmu untuk hanyut.
Dan ketika Dia melakukannya, kamu harus merespons.
Ada titik di mana kembali ke masa lalu bukan lagi pilihan.
Karena kebenaran telah terungkap.
Karena penyerahan diri telah diumumkan.
Karena kesetiaan telah dialihkan.
Anda tidak bisa melupakan apa yang Anda ketahui.
Anda tidak bisa melupakan apa yang telah Anda lihat.

Pertanyaan Refleksi

1. Di mana saya pernah mempertimbangkan untuk melakukan retret spiritual?
2. Kekecewaan apa yang memicu pikiran itu?
3. Apakah saya telah mengurangi kedisiplinan saya secara diam-diam?
4. Area ketaatan mana yang membuat saya tergoda untuk membatalkannya?
5. Jika Yesus berdiri di hadapan saya hari ini, apa yang akan Dia hadapi?

Jawab dengan jujur.

Pernyataan

Berdiri dan nyatakan:
"Sudah terlambat bagiku untuk mundur.
Kesetiaanku sudah pasti. Kekecewaan tidak akan membatalkan perjanjianku. Aku akan menyelesaikan apa yang telah kumulai."
Ulangi dengan tegas.

Doa Terstruktur (40 Menit)

1. Ibadah (10 Menit)

Akui Kristus sebagai Tuhan atas masa lalu dan masa depan Anda.

2. Pertobatan (10 Menit)

Akui setiap keputusan internal untuk menyimpang.

3. Pengukuhan Kembali (10–15 Menit)

Perbarui perjanjian Anda secara lisan.

4. Kekuatan (5–10 Menit)

Berdoa memohon ketekunan di tengah kekecewaan.
Tutup dengan:
"Saya menyelesaikan pertandingan dengan baik."

Poin-Poin Tindakan

Hari ini Anda akan:

1. Identifikasi satu area di mana Anda diam-diam hanyut tanpa tujuan.
2. Pulihkan disiplin itu segera.
3. Singkirkan satu pengaruh yang memicu rasa putus asa.
4. Bacalah Lukas 9:57-62 perlahan-lahan.
5. Ucapkan kembali sumpah setiamu dengan lantang sebelum tidur.

HARI KE-12

Ambil Postingan Anda

Pembawa Berita

Ada seorang ayah.
Terstruktur.
Disiplin. Serius. Tanpa kompromi.
Ada seorang ibu.
Berubah.
Tenang. Abadi. Ketegangan batin yang stabil.
Ada seorang saudara laki-laki.
Terpidana.
Publik. Ditargetkan. Dilindungi.
Ada Isa.
Militan.
Terganggu. Dihadapi. Dipindahkan.
Kisah ini bukan hanya tentang satu orang saja.
Ini tentang posisi.
Setiap orang berdiri di suatu tempat.
Sang ayah membela ketertiban — bahkan ketika ketertiban itu salah.
Sang ibu membela keyakinan — tanpa meninggalkan tanggung jawab. Sang saudara laki-laki berdiri di depan umum — dan menghadapi pedang.
Isa berdiri dalam sikap militan — kemudian menyerah.
Keluarga itu terpecah — tetapi tetap terhubung.
Semua orang punya unggahan.
Tidak ada seorang pun yang bersikap netral.
Pertanyaannya bukanlah apakah Anda memiliki pengaruh.
Pertanyaannya adalah apakah Anda berdiri di tempat yang telah ditentukan.

Ayat-ayat Suci

Perjanjian Lama
"Aku mencari seseorang di antara mereka yang akan membangun tembok dan berdiri di hadapan-Ku di celah untuk membela negeri ini..."
— Yehezkiel 22:30
Tuhan mencari orang-orang yang bersedia untuk berdiri teguh.
Perjanjian Baru
" Karena itu kenakanlah seluruh perlengkapan senjata Allah, supaya kamu dapat bertahan dalam hari yang jahat dan tetap berdiri teguh setelah melakukan semuanya itu."
— Efesus 6:13
Instruksinya sederhana:
Berdiri.

Pelajaran
Di setiap lingkungan — keluarga, tempat kerja, gereja, negara — terdapat berbagai posisi.
Sebagian membangun.
Sebagian bertahan. Sebagian menghadapi. Sebagian melestarikan.
Sang ayah percaya bahwa dia sedang melindungi kebenaran.
Sang ibu percaya bahwa dia sedang melestarikan kebenaran.
Sang saudara laki-laki memilih untuk menyatakan kebenaran.
Isa harus memutuskan posisi mana yang akan dia tempati.
Berdiri itu mahal.
Namun, drifting itu merusak.
Jika para penjaga meninggalkan pos mereka,
sistem akan runtuh.
Jika orang tua meninggalkan tugas mereka,
rumah tangga akan melemah.
Jika orang-orang beriman meninggalkan posisi mereka,
kompromi akan menyebar.
Mandat Penjaga bukan hanya untuk para pengkhotbah saja.
Ini untuk setiap orang yang beriman.
Anda memiliki sebuah postingan.
Apakah Anda sudah mengidentifikasinya?

Pertanyaan Refleksi

1. Apa posisi saya saat ini — dalam keluarga, gereja, atau tempat kerja?
2. Apakah saya setia pada posisi itu?
3. Di mana saya meninggalkan posisi saya secara emosional atau spiritual?
4. Jika saya menghilang dari jabatan saya, apa yang akan melemah?
5. Ketegangan apa yang harus saya tanggung agar tetap berada di tempat yang Tuhan tempatkan saya?

Jawablah dengan hati-hati.

Pernyataan

Berdiri dan nyatakan:

"Saya tidak akan meninggalkan pos saya.

Saya akan berdiri di tempat Tuhan menempatkan saya. Saya tidak akan goyah di bawah tekanan. Saya akan memenuhi tugas saya dengan setia."

Ulangi dengan sengaja.

Doa Terstruktur (40 Menit)

1. Ibadah (10 Menit)

Hormati Tuhan sebagai Dia yang menetapkan posisi.

2. Penyelarasan (10 Menit)

Mintalah klarifikasi tentang unggahan Anda.

3. Kekuatan (10–15 Menit)

Berdoalah memohon ketahanan untuk tetap berada di tempat Anda dipanggil.

4. Doa Syafaat (5 Menit)

Doakan anggota keluarga Anda — baik yang beriman maupun yang tidak beriman.

Tutup dengan:

"Jadikan aku seorang penjaga yang setia."

Poin-Poin Tindakan

Hari ini Anda akan:

1. Tuliskan lingkup tanggung jawab utama Anda.
2. Identifikasi satu area di mana Anda harus memperkuat disiplin.
3. Luangkan satu waktu untuk percakapan yang disengaja dalam keluarga Anda tentang bimbingan spiritual.
4. Berdoalah secara khusus untuk anggota keluarga yang terpecah.
5. Tolak satu tindakan yang melemahkan pengaruh Anda.

HARI KE-13

Makan di Meja yang Sama

Pembawa Berita

Tidak semua anggota keluarga masuk Islam.
Sebagian tetap beragama Islam.
Sebagian lagi menjadi Kristen.
Rumah yang dulunya hanya memiliki satu irama keagamaan, kini memiliki dua irama.
Namun—
Mereka tetap makan bersama.
Detail ini sangat penting.
Keyakinan berubah.
Kesetiaan bergeser. Kepercayaan terpecah.
Namun hubungan tersebut tidak sepenuhnya runtuh.
Di banyak lingkungan, konversi menghasilkan patah tulang permanen.
Dalam kasus ini, ketegangan memang ada — tetapi hubungan tetap terjalin.
Inilah kedewasaan.
Kesetiaan berubah.
Namun, kebencian tidak mengambil alih.
Iman tidak berubah menjadi kekejaman.
Kebenaran tidak berubah menjadi permusuhan.
Mereka makan bersama.
Dan makanan itu penting.
Tabel-tabel tersebut mewakili hubungan.
Akses. Percakapan. Martabat manusia.
Anda bisa sangat tidak setuju — dan tetap memperlakukan seseorang dengan hormat.

Ayat-ayat Suci
Perjanjian Lama

"Jika memungkinkan, sejauh yang bergantung padamu, hiduplah damai dengan semua orang."
— (Prinsip ini tercermin di seluruh kitab Amsal; berakar pada tradisi kebijaksanaan Perjanjian Lama)
Kedamaian bukanlah penyerahan diri. Kedamaian adalah disiplin.

Perjanjian Baru

"Jika memungkinkan, sejauh itu bergantung padamu, hiduplah damai dengan semua orang."
— Roma 12:18
Tidak ada kompromi.
Perdamaian.

Pelajaran

Sebagian orang percaya keliru mengartikan pemisahan diri dengan kekudusan.
Yang lain salah mengartikan kompromi dengan perdamaian.
Namun ada cara ketiga:
Keyakinan tanpa permusuhan.
Anda dapat:

- Pegang teguh kebenaran.
- Tolak kompromi.
- Tetaplah menjalin hubungan.
- Tunjukkan martabat.
- Pertahankan batasan.

Tabel tersebut bukan merupakan bentuk dukungan.
Itulah kemanusiaan.
Jika Kristus makan bersama orang berdosa tanpa menyetujui dosa,
Anda pun dapat duduk di meja makan tanpa harus kehilangan keyakinan.
Keluarga yang terpecah membutuhkan kedewasaan spiritual.
Anda mungkin tidak bisa mengubah semua orang.
Namun, Anda dapat memutuskan bagaimana Anda berperilaku.

Pertanyaan Refleksi

1. Apakah saya telah salah mengartikan keyakinan dengan agresi?
2. Apakah saya menarik diri dari hubungan tanpa alasan yang perlu?
3. Di mana saya perlu menetapkan batasan yang lebih sehat?
4. Bisakah aku memegang kebenaran tanpa permusuhan?
5. Apakah ada seseorang yang perlu saya dekati kembali secara relasional?

Jawab dengan jujur.

Pernyataan

Ucapkan dengan lantang:
"Keyakinan saya tidak akan menimbulkan kebencian.
Saya akan berdiri teguh tanpa menjadi bermusuhan. Saya akan memperlakukan orang lain dengan bermartabat. Kebenaran dan kasih sayang akan hidup berdampingan dalam hidup saya."
Ulangi perlahan.

Doa Terstruktur (35 Menit)

1. Ibadah (10 Menit)
Hormati Kristus sebagai Raja Damai.
2. Doa Syafaat (10 Menit)
Berdoa untuk anggota keluarga yang terpecah.
3. Kebijaksanaan (10 Menit)
Mintalah kedewasaan dalam menangani ketegangan.
4. Perlindungan (5 Menit)
Berdoa untuk persatuan tanpa kompromi.
Tutup dengan:
"Ajari aku untuk berdiri tegak dan mencintai."

Poin-Poin Tindakan

Hari ini Anda akan:

1. Berkomunikasilah dengan satu orang yang pendapatnya berbeda dengan Anda secara hormat.
2. Hindari satu argumen yang tidak perlu.
3. Berlatihlah mendengarkan sebelum menanggapi.
4. Bacalah Roma 12 dengan lantang.
5. Pilihlah perdamaian jika memungkinkan.

HARI KE-14

Ketika Otoritas Kurang Wahyu

Pembawa Berita

Ada seorang ayah.
Terstruktur.
Disiplin. Serius dalam iman.
Dia tidak membesarkan anak-anak sembarangan.
Dia membesarkan anak-anak yang berdisiplin.
Doa diwajibkan.
Rutinitas keagamaan dijalankan secara konsisten. Ketertiban dijaga.
Dia percaya bahwa dia sedang melindungi kebenaran.
Dia percaya bahwa dia sedang menjaga keluarganya. Dia percaya bahwa dia sedang melestarikan warisan.
Ketika ajaran agama masuk ke dalam rumah, dia bereaksi dengan keras.
Baginya, itu adalah pengkhianatan.
Baginya, itu adalah aib. Baginya, itu adalah pemberontakan.
Pedang yang terhunus di rumah itu bukan sekadar amarah.
Itu adalah keyakinan tanpa wahyu.
Ia memiliki struktur.
Tetapi ia kekurangan cahaya.

Dia memiliki wewenang.
Tetapi dia kurang mampu melakukan transformasi.
Dan otoritas tanpa wahyu bisa menjadi berbahaya.

Ayat-ayat Suci
Perjanjian Lama
"Ada jalan yang kelihatannya benar bagi seseorang, tetapi akhirnya jalan itu menuju kematian."
— Amsal 14:12
Ketulusan tidak sama dengan kebenaran.
Perjanjian Baru
"Karena aku memberi kesaksian tentang mereka, bahwa mereka mempunyai semangat untuk Allah, tetapi bukan menurut pengetahuan."
— Roma 10:2
Semangat tanpa wahyu akan menyesatkan kekuatan.

Pelajaran
Hari ini bukan tentang mengutuk para ayah.
Ini tentang memahami pengaruh.
Sang ayah dalam cerita itu bukanlah sosok yang pasif.
Dia serius.
Namun, keseriusan tanpa pencerahan dapat menimbulkan kerusakan.
Struktur itu sangat berpengaruh.
Disiplin membentuk identitas.
Kekuasaan membentuk pikiran.
Namun jika fondasinya salah,
pembentukan tersebut menjadi destruktif.
Peran ayah membentuk perjalanan hidup.
Para pemimpin membentuk arah.
Pihak berwenang harus memeriksa:
Apakah keyakinan saya berakar pada wahyu —
atau tradisi yang diwariskan?
Apakah otoritas saya membangun kehidupan —
atau hanya membela ego?

Apakah disiplin yang saya terapkan menghasilkan kebenaran —

atau ketakutan?
Otoritas tidaklah netral.
Ia melipatgandakan apa yang dibawanya.

Pertanyaan Refleksi

1. Di mana letak wewenang saya dalam kehidupan seseorang?
2. Apakah kepemimpinan saya berakar pada kebenaran atau kesombongan?
3. Apakah saya lebih membela tradisi daripada wahyu?
4. Apakah kedisiplinan saya menumbuhkan cinta atau intimidasi?
5. Keyakinan apa yang belum pernah saya telaah secara mendalam?

Jawablah tanpa bersikap defensif.

Pernyataan

Ucapkan dengan lantang:
"Aku akan mencari wahyu, bukan sekadar tradisi.
Otoritasku akan mencerminkan kebenaran. Disiplinku akan menghasilkan kehidupan. Aku menolak semangat buta. Aku mengejar terang."
Ulangi dengan sengaja.

Doa Terstruktur (40 Menit)

1. Ibadah (10 Menit)
Hormati Tuhan sebagai otoritas tertinggi.
2. Pertobatan (10 Menit)
Mengakui kesombongan atau tradisi yang tidak direnungkan.
3. Pencerahan (10–15 Menit)
Mohon wahyu dan pemahaman.
4. Penyelarasan Kembali (5–10 Menit)
Serahkan pengaruh Anda pada kebenaran Tuhan.
Tutup dengan:
"Biarlah kepemimpinan saya berakar pada terang."

Poin-Poin Tindakan

Hari ini Anda akan:

1. Periksalah satu keyakinan yang Anda warisi tanpa mempertanyakannya.
2. Pelajarilah satu ayat suci secara mendalam, alih-alih mengandalkan asumsi.
3. Minta maaf jika wewenang Anda telah menyakiti seseorang.
4. Berdoalah untuk para ayah dan pemimpin.
5. Berkomitmenlah untuk memimpin dengan kebenaran dan kerendahan hati.

HARI KE-15

Kekuatan Keyakinan yang Diam

Pembawa Berita

Dialah orang pertama yang masuk Islam.
Bukan putra-putranya.
Bukan pendeta publik itu.
Dia.
Di dalam rumah tangga Islami yang terstruktur.
Di bawah bimbingan suami yang disiplin. Di dalam lingkungan keagamaan yang tidak mentolerir penyimpangan.
Dia tidak meninggalkan pernikahan itu.
Dia tidak meninggalkan rumah. Dia tidak membalas dendam.
Dia tetap tinggal.
Dia berdoa.
Dia bertahan. Dia menyerap ketegangan.
Pertobatannya tidak berlangsung dengan lantang.
Itu dihayati.
Putra-putranya menyaksikan.
Suaminya bereaksi. Suasana rumah berubah.
Namun dia tetap berdiri.
Sejarah sering kali menyoroti pengkhotbah yang terlihat jelas.
Namun surga sering kali menandai perantara yang tersembunyi.
Sebelum penyerahan diri di depan umum,
ada doa pribadi.

Ayat-ayat Suci
Perjanjian Lama

"Hannah berbicara dalam hatinya; hanya bibirnya yang bergerak, tetapi suaranya tidak terdengar."
— 1 Samuel 1:13
Doa dalam diam dapat mengubah generasi.

Perjanjian Baru

"Doa orang benar yang sungguh-sungguh dan penuh kuasa sangatlah besar."
— Yakobus 5:16
Doa syafaat menggerakkan realitas yang tak terlihat.

Pelajaran

Tidak semua kekuatan itu berisik.
Beberapa gerakan spiritual yang paling kuat dimulai dari satu orang yang menolak untuk meninggalkan doa.
Sang ibu tidak berdebat tentang teologi setiap hari.
Ia mewujudkan keyakinan.
Dia tidak memaksakan transformasi.
Dia menjalaninya.
Kekuatannya terletak pada konsistensi.
Banyak orang percaya menginginkan pengaruh yang nyata.
Hanya sedikit yang bersedia memikul ketabahan dalam diam.
Doa bukanlah kelemahan.
Doa adalah peperangan.
Ketahanan bukanlah sikap pasif.
Itu adalah kekuatan yang terkendali.
Jika dia bereaksi secara agresif,
rumah itu mungkin akan retak secara permanen.
Sebaliknya, dia bertahan secara strategis.

Pertanyaan Refleksi

1. Di mana Tuhan memanggilku untuk bertahan alih-alih melarikan diri?
2. Apakah kehidupan doa saya konsisten atau reaktif?
3. Apakah saya terlalu cepat meninggalkan lingkungan yang sulit?
4. Apakah aku telah meremehkan kekuatan kesetiaan yang tenang?

5. Apa dampak antargenerasi yang mungkin dihasilkan oleh konsistensi saya?

Jawablah perlahan.

Pernyataan

Ucapkan dengan lantang:

"Kekonsistenanku membawa kekuatan.

Doaku tidak sia-sia. Aku akan bertahan tanpa kepahitan. Aku akan memengaruhi tanpa paksaan. Imanku akan tetap teguh."

Ulangi dengan tenang.

Doa Terstruktur (40 Menit)

1. Ibadah (10 Menit)

Hormati Tuhan sebagai Dia yang melihat dalam rahasia.

2. Doa Syafaat (15 Menit)

Berdoalah untuk keluarga Anda dan generasi mendatang.

3. Kekuatan (10 Menit)

Latih daya tahan di tempat-tempat yang sulit.

4. Menyerah (5 Menit)

Lepaskan ketidaksabaran dan frustrasi.

Tutup dengan:

"Kuatkanlah aku dalam kesetiaan yang tenang."

Poin-Poin Tindakan

Hari ini Anda akan:

1. Sisihkan waktu 20 menit untuk berdoa tanpa gangguan bagi keluarga Anda.
2. Hilangkan satu kebiasaan reaksioner di rumah Anda.
3. Tuliskan nama-nama orang yang akan Anda doakan setiap hari.
4. Pilihlah satu tindakan kebaikan di tengah ketegangan.
5. Berkomitmenlah untuk melakukan doa syafaat secara konsisten selama 7 hari.

HARI KE-16

Ketika Hukuman Merugikanmu Terlebih Dahulu

Pembawa Berita

Sebelum Isa menyerah di depan umum, kakak laki-lakinya sudah lebih dulu melanggar aturan.
Namanya disebut-sebut.
Pendiriannya terlihat jelas. Keyakinannya tidak disembunyikan.
Ketika dia menyatakan imannya, ketegangan pun meledak.
Reaksi itu tidak hanya berupa kata-kata.
Sebuah pedang diangkat.
Serangan itu dimaksudkan untuk membunuh.
Ini bukanlah kemarahan simbolis.
Itu adalah keseriusan tingkat eksekusi.
Namun, serangan itu tidak pernah berhasil.
Dia dipindahkan secara fisik dari lokasi itu ke tempat lain yang berdekatan sebelum pisau itu dapat mencapainya.
Dia kemudian bersaksi bahwa dirinya dipindahkan secara supranatural.
Momen itu mengubah segalanya.
Keyakinan telah memicu kekerasan.
Upaya pelestarian mengungkap tujuannya.
Dia tidak meninggal.
Dia tidak menarik kembali pernyataannya.
Dia tidak mundur.
Bertahun-tahun kemudian, ia akan melayani dalam kepemimpinan pelayanan.
Orang yang hampir dibunuh karena dipaksa masuk Islam itu kemudian menjadi seorang gembala.
Pertama, vonis.
Kemudian ancaman. Kemudian perlindungan. Kemudian panggilan.

Ayat-ayat Suci

Perjanjian Lama

"Ketika mereka melemparkan Dia ke dalam api… api itu tidak melukai tubuh mereka."

— Daniel 3:27

Bukti pelestarian mengkonfirmasi penugasan.

Perjanjian Baru

"Mereka memanggil mereka dan memerintahkan mereka untuk tidak berbicara sama sekali… tetapi Petrus dan Yohanes menjawab, 'Kami tidak dapat tidak berbicara.'"

— Kisah Para Rasul 4:18-20

Keyakinan tetap teguh bahkan di bawah ancaman.

Pelajaran

Di setiap keluarga, selalu ada seseorang yang menjadi prioritas utama.

Yang pertama berdiri.

Yang pertama berbicara. Yang pertama menyerap reaksi.

Yang pertama seringkali menghadapi perlawanan paling besar.

Namun mereka juga mendobrak batasan bagi orang lain.

Sikapnya itu mendahului penyerahan diri Isa.

Kondisinya yang terawetkan menjadi saksi bisu.

Keberanianmu mungkin membuka jalan bagi transformasi orang lain.

Jika dia mundur,

rasa takut akan semakin meningkat.

Jika dia menarik kembali pernyataannya,

otoritas akan semakin kuat melawan kebenaran.

Namun dia tetap berdiri

Hukuman di depan umum itu mahal.

Namun, ini bersifat katalitik.

Pertanyaan Refleksi

1. Apakah saya bersedia menjadi yang pertama dalam ketaatan?

2. Di mana saya menghindari terlihatnya keyakinan yang salah?
3. Apakah keheningan saya telah memperlambat keberanian orang lain?
4. Ketakutan apa yang menghalangi saya untuk berdiri di depan umum?
5. Jika perlindungan mengikuti ketaatan, apa yang mungkin sedang dilindungi Tuhan dalam diri saya?

Jawab dengan jujur.

Pernyataan

Ucapkan dengan lantang:

"Aku akan tetap berdiri teguh meskipun aku yang pertama berdiri.

Aku tidak akan mundur di bawah ancaman. Ketaatanku membuka jalan bagi orang lain. Tuhan memelihara apa yang telah Dia tetapkan."

Ulangi dengan tegas.

Doa Terstruktur (40 Menit)

1. Ibadah (10 Menit)

Hormati Tuhan sebagai Pelindung dan Pemelihara.

2. Keberanian (10–15 Menit)

Mintalah kekuatan untuk berdiri di depan umum.

3. Perlindungan (10 Menit)

Berdoa memohon perlindungan ilahi atas ketaatan yang tampak.

4. Doa Syafaat (5 Menit)

Doakan seseorang yang membutuhkan keberanian.

Tutup dengan:

"Aku berdiri tanpa rasa takut."

Poin-Poin Tindakan

Hari ini Anda akan:

1. Identifikasi satu bidang di mana Anda harus memimpin dengan memberi contoh.
2. Ambillah satu langkah nyata kepatuhan.

3. Dorong seseorang yang ragu-ragu untuk berdiri.
4. Bacalah Daniel 3 perlahan-lahan.
5. Tolaklah keheningan yang didorong oleh rasa takut.

HARI KE-17

Ketika Wahyu Saja Tidak Cukup

Pembawa Berita

Di Maiduguri, terjadi sesuatu yang tidak sesuai dengan penjelasan normal.
Dia menggambarkan bagaimana dia dibawa pergi — diperlihatkan neraka.
Dia mengenali orang-orang itu.
Bukan penjahat.
Bukan orang asing.
Guru.
Ulama Islam.
Pria-pria terhormat.
Orang-orang yang pernah ia hormati.
Orang-orang yang sebelumnya ia yakini sebagai orang-orang yang saleh.
Dia melihat siksaan.
Lalu dia melihat surga.
Ketertiban.
Cahaya. Kedamaian.
Dia kembali dari pertemuan itu dengan perasaan terguncang.
Namun dia tidak menyerah.
Wahyu itu mengganggunya.
Hal itu belum membuatnya berubah pikiran.
Itulah salah satu kebenaran yang paling menyadarkan dalam keseluruhan cerita.
Anda dapat melihat realitas spiritual —
dan tetap menolak.
Anda bisa mengalami pengungkapan ilahi —
dan tetap menunda ketaatan.
Informasi tidak menjamin transformasi.

Ayat-ayat Suci
Perjanjian Lama
"Balaam melihat... Malaikat TUHAN berdiri di jalan... namun hatinya tertuju pada upah."
— Bilangan 22:31–32 (konteks)
Melihat tidak selalu mengubah keinginan.
Perjanjian Baru
"Meskipun Yesus telah melakukan begitu banyak tanda di hadapan mereka, mereka tetap tidak percaya kepada-Nya."
— Yohanes 12:37
Mukjizat tidak dapat mengalahkan kemauan yang keras.

Pelajaran
Banyak orang meminta wahyu.
Hanya sedikit yang menanggapinya.
Anda mungkin berkata:
"Seandainya saya melihat sesuatu yang dahsyat, saya pasti akan berubah."
Namun, hati lebih dalam daripada pengalaman.
Wahyu mengungkap.
Kehendak yang menentukan.
Anda mungkin sudah tahu:

- Konsekuensi dari kompromi.
- Harga sebuah dosa.
- Pentingnya ketaatan.
- Realita keabadian.

Namun, pengetahuan tanpa penyerahan diri akan menjadi beban.
Terdapat ruang berbahaya antara keterbukaan dan kepatuhan.
Semakin lama Anda bertahan di sana,
semakin sulit untuk menyerah.

Pertanyaan Refleksi

1. Kebenaran apa tentang kekekalan yang pernah saya dengar tetapi belum saya praktikkan?

2. Di mana saya pernah mengalami keyakinan tetapi respons yang tertunda?
3. Apakah saya lebih mengandalkan pengalaman daripada kepatuhan?
4. Wahyu apa yang telah saya abaikan?
5. Jika aku meninggal hari ini, apakah kesetiaanku akan tetap teguh?

Jawablah dengan serius.

Pernyataan

Berdiri dan nyatakan:

"Wahyu akan menuntun saya kepada ketaatan.
Saya tidak akan menunda penyerahan diri. Saya tidak akan mengeraskan hati saya. Apa pun yang Tuhan tunjukkan kepada saya, akan saya lakukan."

Ulangi perlahan.

Doa Terstruktur (40 Menit)

1. Penghormatan (10 Menit)

Renungkan realitas keabadian.

2. Pengakuan Dosa (10 Menit)

Sebutkan keterlambatan spesifik dalam ketaatan.

3. Penyerahan Diri (10–15 Menit)

Serahkan kehendak Anda sepenuhnya kepada Kristus lagi.

4. Penyelarasan (5 Menit)

Mintalah jantung yang lembut dan responsif.

Tutup dengan:

"Hatiku tetap lembut."

Poin-Poin Tindakan

Hari ini Anda akan:

1. Tuliskan satu kebenaran yang telah Anda tunda untuk ditindaklanjuti.
2. Ambil satu langkah segera menuju ketaatan.
3. Berpuasa dari satu hal yang mengalihkan perhatian sebagai tanda keseriusan.
4. Bacalah Yohanes 12 perlahan-lahan.

5. Luangkan 5 menit untuk merenung dalam diam tentang keabadian.

HARI KE-18

Saat Mentor Anda Jatuh

Pembawa Berita

Imam itu bukanlah orang asing.
Dia tidak menjauh.
Dia adalah mentor saya sejak kecil.
Dia mengajarinya kitab suci.
Dia mengajarinya disiplin. Dia mengajarinya pengetahuan yang lebih dalam. Dia memperkenalkannya pada praktik spiritual tingkat lanjut. Dia membentuk pemahamannya tentang otoritas.
Kepercayaan dibangun sejak dini.
Rasa hormat itu sangat dalam.
Loyalitasnya sangat kuat.
Kemudian terjadilah konfrontasi.
Dalam kejadian yang ia gambarkan, ia melihat api turun dari langit.
Dan imam itu dipukul.
Pria yang melatihnya.
Otoritas yang dia hormati. Guru yang membentuknya.
Hilang.
Momen itu bukan hanya tentang kematian.
Ini tentang keruntuhan.
Ketika hal yang membentuk dirimu runtuh,
kamu dipaksa untuk memilih.
Akankah Anda berpegang teguh pada kesetiaan —
atau menanggapi wahyu?
Berpisah dari seorang mentor bukanlah hal yang mudah.
Ini emosional.
Ini membingungkan. Rasanya seperti pengkhianatan.

Namun terkadang Tuhan menantang otoritas yang membentuk Anda
sehingga kesetiaan Anda dapat beralih sepenuhnya.

Ayat-ayat Suci
Perjanjian Lama
"Setelah Elia lewat di dekatnya, Elisa... menyembelih lembu-lembu... membakar peralatan membajak... lalu mengikuti Elia."
— 1 Raja-raja 19:21
Transisi membutuhkan pemisahan.
Perjanjian Baru
"Barangsiapa lebih mengasihi ayah atau ibu daripada Aku, ia tidak layak bagi-Ku."
— Matius 10:37
Kesetiaan harus lebih diutamakan daripada keterikatan.

Pelajaran
Mentor membentuk identitas.
Para bapak spiritual membentuk pandangan dunia.
Guru membentuk keyakinan.
Namun, tidak ada mentor yang lebih tinggi kedudukannya daripada kebenaran.
Kesetiaan menjadi berbahaya ketika mengesampingkan wahyu.
Melepaskan diri dari sistem yang diwariskan dapat terasa seperti kekerasan internal.
Anda kehilangan keakraban.
Anda kehilangan struktur. Anda kehilangan persetujuan.
Anda bahkan mungkin berduka.
Namun, pertumbuhan membutuhkan pelepasan dari apa yang sudah tidak benar lagi.
Kebakaran yang menimpa sang mentor bukan hanya tentang kehancuran semata.
Ini tentang pengungkapan.
Terkadang Tuhan membongkar otoritas yang Anda andalkan.

Bukan untuk menghancurkanmu —
tetapi untuk membebaskanmu.

Pertanyaan Refleksi

1. Siapa yang paling membentuk identitas spiritual saya?
2. Apakah saya pernah meninggikan seorang mentor di atas kebenaran?
3. Di mana saya harus membela sistem yang belum pernah saya teliti?
4. Otoritas mana yang saya takuti untuk dipertanyakan?
5. Apakah kesetiaan saya kepada Kristus — atau kepada sebuah kepribadian?

Jawablah dengan hati-hati.

Pernyataan

Ucapkan dengan lantang:
"Kesetiaan saya adalah kepada Kristus di atas segalanya. Tidak ada mentor yang lebih tinggi kedudukannya daripada kebenaran. Saya melepaskan kesetiaan yang salah tempat. Saya memilih wahyu daripada tradisi."
Ulangi perlahan.

Doa Terstruktur (40 Menit)

1. Penghormatan (10 Menit)

Hormati Kristus sebagai otoritas tertinggi.

2. Pelepasan (10–15 Menit)

Sebutkan loyalitas yang salah tempat dan lepaskanlah.

3. Penyembuhan (10 Menit)

Berdoalah untuk kejelasan emosional di mana perpisahan telah menyakiti Anda.

4. Penyelarasan (5 Menit)

Tegaskan kembali Kristus sebagai satu-satunya Tuhanmu.
Tutup dengan:
"Kesetiaan saya sudah pasti."

Poin-Poin Tindakan

Hari ini Anda akan:

1. Identifikasi satu kepercayaan yang diwarisi tanpa melalui pemeriksaan.
2. Pelajarilah Kitab Suci secara mandiri mengenai masalah tersebut.
3. Hilangkan ketergantungan yang tidak sehat pada suatu kepribadian.
4. Berdoalah untuk kejelasan spiritual.
5. Perkuat hubungan langsung Anda dengan Kristus.

HARI KE-19

Ketika Langit Bergerak — Tetapi Hanya Satu yang Merespons

Pembawa Berita

Api berkobar.
Sang mentor terkejut.
Mereka yang hadir melihat sesuatu.
Namun mereka tidak melihat apa yang dia lihat.
Beberapa hanya melihat luka yang bengkak.
Beberapa orang mengalami cedera.
Sebagian orang melihat dampaknya.
Namun ia melihat campur tangan ilahi.
Peristiwa yang sama.
Persepsi yang berbeda. Hasil yang berbeda.
Tidak semua orang yang menyaksikan api itu bertobat.
Tidak semua orang berpindah agama.
Namun, ada satu orang yang menjadi sasaran.
Api itu bukan untuk kerumunan orang.
Itu untuk dia.
Surga tidak berubah berdasarkan suara mayoritas.
Surga bergerak sesuai penugasan.

Ayat-ayat Suci
Perjanjian Lama
"Lalu TUHAN menjawab Ayub dari dalam angin puting beliung..."
— Ayub 38:1
Ketika Tuhan berbicara, itu bersifat pribadi sebelum menjadi publik.
Perjanjian Baru

"Lalu tiba-tiba cahaya dari langit menyinari sekelilingnya...
Orang-orang yang bepergian bersamanya berdiri di situ tanpa berkata-kata; mereka mendengar suara itu tetapi tidak melihat siapa pun."
— Kisah Para Rasul 9:3-7
Paul terjatuh.
Yang lain berdiri.
Dia mendengar kata-kata.
Mereka mendengar suara.
Peristiwa yang sama.
Pertemuan yang berbeda.

Pelajaran
Tidak semua orang yang menyaksikan kekuasaan mengalami transformasi.
Orang banyak dapat mengamati.
Seseorang dapat bertobat.
Surga tidak bersukacita ketika kota-kota bereaksi secara emosional.
Kitab Suci mengatakan:
"Ada sukacita di hadapan malaikat-malaikat Allah atas satu orang berdosa yang bertobat."
— Lukas 15:10
Pertama.
Tuhan akan menggerakkan langit dan bumi.
Api bisa jatuh karena satu hati.
Kebutaan bisa menyerang seseorang yang sedang menekuni profesi tertentu.
Angin puting beliung dapat berbicara mewakili satu orang yang saleh.
Jangan mengukur pergerakan ilahi berdasarkan berapa banyak orang yang merespons .
Ukurlah dengan ketaatan.
Jika tidak ada orang lain yang merespons —
dan Anda merespons — surga akan bersukacita.

Pertanyaan Refleksi

1. Apakah saya berasumsi bahwa mukjizat yang terlihat menjamin pertobatan massal?
2. Apakah saya menunggu orang lain sebelum menanggapi?
3. Apakah saya mengabaikan pengalaman ilahi karena orang lain tidak berubah?
4. Apa yang telah Tuhan lakukan secara pribadi untuk saya yang tidak disadari orang lain?
5. Jika hanya saya yang merespons, apakah saya masih akan patuh?

Jawablah dengan mendalam.

Pernyataan

Ucapkan dengan lantang:

"Jika surga bergerak, aku akan merespons.
Bahkan jika aku berdiri sendirian. Perjumpaan Allah denganku bersifat pribadi. Aku tidak akan menunggu kerumunan orang. Aku memilih pertobatan."

Ulangi perlahan.

Doa Terstruktur (40 Menit)

1. Rasa Hormat (10 Menit)

Mengakui kedaulatan Tuhan dalam pengalaman pribadi.

2. Rasa Syukur (10 Menit)

Ucapkan terima kasih kepada-Nya atas wahyu pribadi dalam hidup Anda.

3. Menyerah (10–15 Menit)

Tawarkan diri Anda lagi sebagai "orang" yang merespons.

4. Doa Syafaat (5 Menit)

Berdoalah untuk orang lain — tetapi jangan menunda ketaatanmu.

Tutup dengan:

"Biar saya yang menjawab."

Poin-Poin Tindakan

Hari ini Anda akan:

1. Renungkan satu momen luar biasa dalam hidup Anda yang tidak dihargai oleh orang lain.
2. Tuliskan bagaimana momen itu mengubahmu.
3. Berhentilah menunggu kesepakatan bersama untuk mematuhinya.
4. Bacalah Kisah Para Rasul 9 perlahan-lahan.
5. Syukurlah Tuhan karena Dia bertindak untuk setiap individu.

Pelajaran Sesungguhnya

Beberapa orang melihat luka.
Dia melihat api.
Beberapa orang mengalami cedera.
Dia melihat adanya pengungkapan.
Beberapa orang melihat seorang pria pingsan.
Dia menyaksikan runtuhnya otoritas.
Peristiwa yang sama.
Hati yang berbeda.
Anda tidak dapat mengontrol apa yang orang lain persepsikan.
Anda dapat mengontrol bagaimana Anda merespons.
Surga bersukacita atas satu orang.
Jadilah orang itu.

HARI KE-20

Demi Satu Orang

Pembawa Berita

Api berkobar.
Banyak yang hadir.
Hanya satu orang yang tergerak untuk bertobat.
Di Maiduguri, ketika dia dibawa dan diperlihatkan neraka lalu surga, orang-orang lain berada di sekitarnya secara fisik.
Namun hanya dia yang ditangkap.
Hanya dia yang melihat kota itu.
Hanya dia yang melihat siksaan itu. Hanya dia yang berjalan melewati apa yang dia gambarkan sebagai kota emas yang indah. Hanya dia yang kembali dengan perasaan terganggu.
Banyak yang hadir.
Salah satunya telah ditampilkan.
Pertemuan itu tidak dirancang untuk menjadi tontonan.
Itu dirancang untuk konversi.
Surga tidak membutuhkan kerumunan untuk membenarkan pergerakan.
Surga tergerak untuk satu orang.

Ayat-ayat Suci
Perjanjian Lama
" Maka firman TUHAN kepada Setan: 'Apakah engkau telah memperhatikan hamba-Ku Ayub?'"
— Ayub 1:8
Surga akan berhenti sejenak untuk memikirkan satu orang.
Bukan sebuah negara.
Satu.
Perjanjian Baru
"Siapakah di antara kamu yang mempunyai seratus ekor domba, jika kehilangan satu ekor, tidak meninggalkan

sembilan puluh sembilan ekor lainnya... sampai ia menemukannya?"
— Lukas 15:4
Surga meninggalkan banyak makhluk untuk menyelamatkan satu orang.
Dan sekali lagi:
"Ada sukacita di hadapan malaikat-malaikat Allah atas satu orang berdosa yang bertobat."
— Lukas 15:10
Bukan ribuan.
Satu.

Pelajaran

Penginjilan modern sering mengukur keberhasilan berdasarkan angka.
Jumlah penonton.
Kehadiran. Metrik.
Namun, surga memiliki ukuran yang berbeda.
Kualitas penyerahan diri.
Kedalaman transfer. Ketulusan pertobatan.
Dalam insiden kebakaran itu, orang lain mengamati—tetapi hanya satu hati yang hancur.
Di Maiduguri, ada orang lain yang hadir — tetapi hanya satu yang dibawa untuk melihat surga dan neraka.
Kota emas itu tidak diperlihatkan untuk hiburan semata.
Terungkap bahwa hal itu menantang kesetiaan.
Anda mungkin berkhotbah kepada ribuan orang.
Namun, surga mungkin sedang berpihak pada salah satunya.
Jika seseorang mengalihkan kesetiaannya,
surga akan bersukacita.
Tuhan tidak membutuhkan reaksi massa untuk memvalidasi gerakan-Nya.
Dia butuh penyerahan diri.

Pertanyaan Refleksi

1. Apakah saya mengukur dampak spiritual berdasarkan angka?

2. Apakah saya telah meremehkan transformasi pribadi?
3. Jika hanya saya yang merespons, apakah saya masih akan patuh?
4. Apakah saya menunggu momentum kelompok sebelum mengambil keputusan?
5. Apakah saya menghargai kedalaman sama seperti kejelasannya?

Jawaban tanpa kinerja.

Pernyataan

Ucapkan dengan lantang:
"Aku tak akan mengukur pergerakan Tuhan dengan angka. Jika surga bergerak untukku, aku akan merespons. Aku menghargai kedalaman daripada penampilan. Aku memilih kualitas daripada kuantitas. Biarlah aku menjadi orangnya."
Ulangi perlahan.

Doa Terstruktur (40 Menit)

1. Rasa Hormat (10 Menit)

Akui bahwa Tuhan melihat setiap individu.

2. Rasa Syukur (10 Menit)

Ucapkan terima kasih kepada-Nya atas pengalaman pribadi dalam hidup Anda.

3. Menyerah (10–15 Menit)

Tawarkan diri Anda sepenuhnya, meskipun tidak ada orang lain yang bergabung.

4. Doa Syafaat (5 Menit)

Berdoalah untuk satu orang tertentu agar mengalami perjumpaan dengan Kristus.
Tutup dengan:
"Meskipun aku sendirian, aku akan tetap patuh."

Poin-Poin Tindakan

Hari ini Anda akan:

1. Berhentilah membandingkan kesuksesan spiritual dengan jumlah orang yang berkumpul.
2. Berdoalah secara khusus untuk satu orang tertentu dengan menyebutkan namanya.
3. Tuliskan apa yang telah Tuhan lakukan secara pribadi untuk Anda.
4. Bacalah Lukas 15 perlahan-lahan.
5. Utamakan kedalaman daripada popularitas.

Pola yang Lebih Dalam

Paul terjatuh.
Yang lain mendengar suara.
Pekerjaan tersebut telah diuji.
Dunia terus berputar.
Gembala itu meninggalkan sembilan puluh sembilan ekor.
Pertama.
Di Maiduguri:
Banyak yang berada di dekatnya. Hanya satu yang diperlihatkan surga. Hanya satu yang melihat kota emas. Hanya satu yang kembali dengan kegelisahan batin.
Surga tidak membutuhkan persetujuan massal.
Surga mencari hati yang berserah.
Jadilah hati itu.

HARI KE-21

Tertembak. Terkena benturan. Diduga tewas.

Pembawa Berita

Penentangan telah meningkat sebelumnya.
Ancaman itu nyata.
Namun kali ini bukan peringatan.
Itu adalah eksekusi.
Dia diserang.
Tembakan meletus.
Peluru menembus tubuhnya.
Logam itu menghantam kepalanya dengan kekuatan yang dahsyat.
Darah mengalir dari kulit kepalanya.
Benturan itu seharusnya menghancurkan tulang.
Tengkoraknya tidak pecah.
Pendarahannya parah.
Dia tertembak.
Dia jatuh pingsan. Dia dianggap meninggal.
Dia ditempatkan di dalam sebuah kendaraan — bukan untuk penyelamatan, tetapi karena dia sudah dianggap sebagai salah satu korban yang gugur.
Namun dia belum meninggal.
Ia sadar kembali.
Ia kemudian menjelaskan bahwa beberapa peluru dikeluarkan dari tubuhnya.
Logam menembus daging — tetapi tidak menghancurkan organ vital.
Luka di kepala itu mengeluarkan banyak darah — tetapi tengkoraknya utuh.

Para dokter tidak dapat menjelaskan mengapa kerusakannya tidak lebih parah.
Ini bukanlah rasa tidak nyaman sama sekali.
Ini adalah pengalaman yang hampir merenggut nyawa.
Dan itu bukanlah upaya pertama.
Menurut pengakuannya, ada beberapa upaya pembunuhan — lebih dari tujuh kali.
Pelestarian bukanlah teori.
Hal itu terulang kembali.
Pada suatu titik, karena parahnya cedera dan ancaman yang terus berlanjut, intervensi di tingkat nasional mengatur agar dia dibawa keluar negeri untuk perawatan di Amerika Serikat.
Bertahan hidup beralih dari keajaiban menjadi sebuah kewajiban.
Dia tidak meninggal.
Namun, harga yang harus dibayar adalah darah.

Ayat-ayat Suci
Perjanjian Lama
"Seribu orang dapat jatuh di sisimu, dan sepuluh ribu orang di sebelah kananmu, tetapi itu tidak akan mendekatimu."
— Mazmur 91:7
Kedekatan dengan kematian tidak sama dengan kekalahan.
Perjanjian Baru
"Mereka melempari Paulus dengan batu dan menyeretnya keluar kota, mengira dia sudah mati. Tetapi setelah murid-murid berkumpul di sekelilingnya, dia bangkit..."
— Kisah Para Rasul 14:19-20
Diduga telah meninggal.
Namun belum selesai

Pelajaran
Ada saat-saat di mana ketaatan harus dibayar dengan darah.
Bukan ketidaknyamanan metaforis.
Bukan ketidaknyamanan sosial.
Namun, ini adalah kerugian yang nyata.

Namun, bertahan hidup di bawah tingkat serangan seperti itu memunculkan sebuah pertanyaan:
Mengapa saya diawetkan?
Tidak semua orang selamat dari tembakan.
Tidak semua orang selamat dari percobaan berulang.
Jika upaya pelestarian diulangi, maka
tugas tersebut haruslah serius.
Anda mungkin tidak akan pernah berhadapan langsung dengan peluru.

Namun Anda telah menghadapi momen-momen yang bisa saja mengakhiri hidup Anda:

- Krisis fisik.
- Kecelakaan.
- Runtuh.
- Gangguan emosional.
- Keputusan yang bisa saja menghancurkan masa depanmu.

Kamu masih di sini.
Pelestarian melipatgandakan tanggung jawab.
Semakin intens upaya pelestarian,
semakin serius pula panggilannya.

Pertanyaan Refleksi

1. Apa yang telah saya lalui yang seharusnya berakhir berbeda?
2. Apakah saya memperlakukan pengawetan dengan enteng?
3. Tugas apa yang mungkin bisa membenarkan kelangsungan hidupku?
4. Apakah saya hidup dengan hati-hati atau dengan ceroboh?
5. Jika aku benar-benar percaya bahwa hidupku diselamatkan untuk suatu tujuan, apa yang akan berubah?

Tulis secara spesifik.

Pernyataan
Berdiri dan nyatakan:
"Aku tidak hidup karena kebetulan.
Apa yang seharusnya menghancurkanku tidak terjadi.
Kelangsungan hidupku adalah sebuah tugas. Aku tidak akan menyia-nyiakan hidup yang telah kupertahankan."
Ulangi dengan penuh keyakinan.

Doa Terstruktur (45 Menit)
1. Rasa Syukur (10 Menit)
Bersyukurlah kepada Tuhan atas kehidupan yang terpelihara.
2. Penghormatan (10 Menit)
Renungkan betapa dekatnya kehancuran itu.
3. Penyerahan Diri (15 Menit)
Persembahkan masa depanmu sepenuhnya untuk tujuan-Nya.
4. Keberanian (10 Menit)
Mintalah keberanian untuk menyelesaikan tugas tanpa rasa takut.
Tutup dengan:
"Jika Engkau memelihara aku, gunakanlah aku."

Poin-Poin Tindakan
Hari ini Anda akan:

1. Tuliskan momen-momen yang hampir menghancurkanmu.
2. Bertobatlah dari gaya hidup yang santai.
3. Hilangkan satu pola perilaku yang merusak diri sendiri.
4. Bacalah Mazmur 91 dengan lantang.
5. Ambil satu langkah berani menuju panggilan Anda.

Realita yang Sesungguhnya
Darah mengalir.
Logam mengenai tulang.
Peluru menembus daging.
Dia dibawa seolah-olah sudah tak bernyawa lagi.

Namun ia bangkit.
Seperti Paulus, dianggap sudah mati — tetapi belum selesai.
Bertahan hidup di tengah kekerasan tidak menciptakan kebanggaan.
Hal itu menciptakan rasa urgensi.

HARI KE-22

Dilestarikan dalam Skala Besar

Pembawa Berita

Serangan itu bukanlah serangan simbolis.
Tembakan meletus.
Peluru menembus tubuhnya.
Logam itu menghantam kepalanya dengan kekuatan yang dahsyat.
Darah mengalir di wajahnya.
Para saksi percaya bahwa dia sudah meninggal.
Ia dibawa pergi sebagai orang yang telah mencapai kesempurnaan.
Namun, dia belum selesai.
Ia sadar kembali.
Para dokter kemudian mengeluarkan beberapa peluru dari tubuhnya.
Logam telah menembus daging — tetapi organ vital tidak terpengaruh.
Luka di kepala itu mengeluarkan banyak darah — tetapi tengkoraknya tidak retak.
Kerusakannya seharusnya sangat parah.
Bukan.
Ini bukan cedera ringan.
Ini hampir merupakan eksekusi.
Dan itu bukanlah upaya pertama.
Menurut pengakuannya, ada beberapa upaya pembunuhan — lebih dari tujuh kali.
Pelestarian telah menjadi pengulangan.
Tingkat ancaman meningkat.
Hal itu berkembang menjadi lebih dari sekadar permusuhan lokal.
Hal itu menjadi perhatian nasional.

Pada saat itu, Presiden Nigeria adalah Goodluck Jonathan — seorang pemimpin Kristen.
Intervensi dilakukan di tingkat tertinggi.
Pengaturan telah dilakukan agar dia dievakuasi ke Amerika Serikat untuk pemeriksaan dan perawatan medis.
Setelah terkena tembakan.
Setelah kehilangan banyak darah. Setelah mengalami trauma kepala.
Dia diperiksa secara menyeluruh.
Hasil temuannya jelas:
Hidup.
Fungsi kognitif utuh. Tidak ada kerusakan neurologis permanen. Tidak ada patah tulang tengkorak. Tidak ada gangguan struktural.
Dia selamat tanpa luka sedikit pun.
Namun bahaya itu belum hilang.
Perlindungan menjadi suatu keharusan.
Pengawal telah ditugaskan.
Pergerakan dilakukan dengan hati-hati.
Perjalanan bukan lagi hal yang biasa.
Petugas keamanan mengelilinginya.
Ketika seorang pria harus bepergian dengan pengawal, itu berarti ancamannya nyata.
Upaya pelestarian telah terlihat.
Dia masih hidup.
Namun dia menjadi sasaran.

Ayat-ayat Suci
Perjanjian Lama
"Daniel dikeluarkan dari gua malaikat itu, dan tidak ditemukan luka sedikit pun padanya, karena ia percaya kepada Allahnya."
— Daniel 6:23
Dilemparkan masuk.
Diangkat keluar. Tidak tersentuh di bagian dalam.
Perjanjian Baru

"Komandan itu memerintahkan agar Paulus dibawa ke barak... dan memberi perintah agar ia dijaga oleh tentara."
— Kisah Para Rasul 23:10
Dilindungi karena penugasan tetap berlaku.

Pelajaran

Pelestarian pada tingkat ini bukanlah kenyamanan.
Ini adalah konfirmasi.
Ketika peluru tidak menghabisi Anda,
ketika tengkorak tidak retak, ketika pemeriksaan tidak menunjukkan kerusakan permanen, ketika otoritas nasional turun tangan, ketika pengawal ditugaskan —
Anda harus bertanya:
Mengapa aku diselamatkan?
Bertahan hidup meningkatkan tanggung jawab.
Perlindungan meningkatkan akuntabilitas.
Jika Tuhan melindungi Anda secara pribadi,
bersyukurlah.
Jika Dia melindungimu di depan umum,
bersikaplah tenang.
Jika Dia melingkupimu dengan perlindungan,
janganlah hidup dengan santai.
Anda hidup bukan untuk kepentingan kemudahan.
Anda siap untuk menjalankan tugas.

Pertanyaan Refleksi

1. Apakah aku telah selamat dari sesuatu yang seharusnya berakhir berbeda?
2. Apakah saya memperlakukan nyawa yang diselamatkan dengan enteng?
3. Apa tanggung jawab yang menyertai keselamatan?
4. Apakah saya menjalani hidup dengan penuh kesadaran?
5. Jika Tuhan memberikan perlindungan di sekitarku, apakah hidupku dapat membenarkannya?

Jawab dengan jujur.

Pernyataan
Berdiri dan nyatakan:
"Hidupku dilindungi untuk suatu tujuan.
Apa yang seharusnya menghancurkanku tidak terjadi. Aku akan hidup secara bertanggung jawab.
Aku tidak akan menyia-nyiakan rahmat ilahi.
Perlindungan ini menegaskan penugasan."
Ulangi perlahan.

Doa Terstruktur (45 Menit)
1. Rasa Syukur (10 Menit)
Bersyukurlah kepada Tuhan atas kehidupan yang terpelihara.
2. Penghormatan (10 Menit)
Akui betapa dekatnya kehancuran telah terjadi.
3. Penyerahan Diri (15 Menit)
Serahkan masa depan Anda kepada Tuhan dengan sengaja.
4. Pengutusan Tugas (10 Menit)
Mintalah keberanian untuk memenuhi panggilan Anda.
Tutup dengan:
"Jika Engkau memelihara aku, gunakanlah aku."

Poin-Poin Tindakan
Hari ini Anda akan:
1. Catat momen-momen ketika Anda diselamatkan.
2. Hilangkan satu perilaku ceroboh.
3. Bacalah Daniel 6 perlahan-lahan.
4. Syukurlah atas perlindungan yang tak terlihat.
5. Ambil satu langkah yang disengaja menuju tujuan Anda.

HARI KE-23

Ditandai — Namun Tak Tergerakkan

Pembawa Berita

Setelah penembakan.
Setelah evakuasi.
Setelah mendapat izin medis.
Setelah pengawal ditugaskan.
Kehidupan tidak kembali normal.
Dia tidak lagi anonim.
Dia telah ditandai.
Bukan secara simbolis.
Secara aktif.
Petugas keamanan mengawalnya.
Pergerakan membutuhkan koordinasi.
Kehadiran di depan publik memerlukan penilaian.
Tingkat ancaman tersebut bukanlah sekadar rumor.
Mereka dipantau.
Hidup dengan waspada berarti hidup dengan penuh kesadaran.
Hidup dengan kesadaran berarti hidup dengan disiplin.
Namun, inilah bagian yang paling penting:
Dia tidak berhenti berkhotbah.
Dia tidak mundur dari seruannya.
Dia tidak mengubah pesan untuk mengurangi risiko.
Dia melanjutkan.
Hidup yang ditandai — tetapi tak tergoyahkan.

Ayat-ayat Suci
Perjanjian Lama
"Saul mengawasi Daud dengan saksama sejak hari itu."
— 1 Samuel 18:9
Menonton.
Ditargetkan.
Tetap terpilih.
Perjanjian Baru
"Karena Aku akan menunjukkan kepadanya betapa banyak penderitaan yang harus ia derita demi nama-Ku."
— Kisah Para Rasul 9:16
Ditandai dari konversi.
Tapi sudah ditugaskan.

Pelajaran
Sebagian orang beriman hanya tetap setia selama tidak terlihat.
Namun ketika kepatuhan menarik perhatian,
rasa takut mulai menegosiasikan kompromi.
Adanya tanda pada tubuh akan mengungkap motifnya.
Apakah Anda mengabdi untuk kenyamanan —
atau panggilan?
Saat hidupmu diawasi:

- Bicaralah lebih hati-hati.
- Anda bergerak dengan lebih terencana.
- Kamu berdoa dengan lebih sungguh-sungguh.

Ancaman membersihkan sikap acuh tak acuh.
Anda mungkin tidak akan pernah memiliki pendamping.
Namun kamu telah ditandai secara rohani.
Musuh memperhatikan orang-orang yang beriman dengan sungguh-sungguh.
Kekristenan kasual tidak banyak mendapat penolakan.
Loyalitas yang terfokus akan menarik perhatian dan pengawasan.

Pertanyaannya adalah:
Akankah kesadaran akan adanya penentangan membuat Anda lebih dewasa —
atau malah mengintimidasi Anda?

Pertanyaan Refleksi

1. Apakah kesetiaanku hanya terwujud saat tak terlihat?
2. Apakah saya akan terus melakukannya jika ketaatan saya malah menimbulkan permusuhan?
3. Di bagian mana saya telah mengurangi keyakinan untuk menghindari perhatian?
4. Apakah saya hidup dengan kesadaran bahwa hidup saya memiliki bobot spiritual?
5. Apakah saya cukup serius untuk diperhatikan?

Jawablah tanpa kesombongan.

Pernyataan

Berdiri dan nyatakan:
"Aku tidak akan mundur karena aku dicap buruk.
Perlawanan akan memurnikanku. Aku melayani karena panggilan, bukan kenyamanan. Aku tetap teguh."
Ulangi dengan tegas.

Doa Terstruktur (40–45 Menit)

1. Ibadah (10 Menit)
Akui Kristus sebagai Tuhan atas segala peperanganmu.
2. Kekuatan (15 Menit)
Berdoa memohon ketahanan di bawah pengawasan.
3. Keter discernment (10 Menit)
Mintalah hikmat dalam ketaatan yang nyata.
4. Keberanian (5–10 Menit)
Berkomitmenlah pada keberanian tanpa kecerobohan.
Tutup dengan:

"Aku tetap teguh."

Poin-Poin Tindakan

Hari ini Anda akan:

1. Identifikasi satu area di mana rasa takut memodifikasi kepatuhan Anda.
2. Segera perbaiki area tersebut.
3. Berdoalah untuk orang-orang percaya yang hidup di bawah ancaman di seluruh dunia.
4. Bacalah 1 Samuel 18 perlahan-lahan.
5. Perkuat satu disiplin dalam hidup Anda.

HARI KE-24

Tingkatkan Standar

Pembawa Berita

Setelah kebakaran.
Setelah menyerah.
Setelah peluru.
Setelah evakuasi.
Setelah layanan pengawalan.
Tugas tersebut tidak menyusut.
Itu menjadi lebih tajam.
Dia telah menyatakan secara terbuka bahwa ketika dia diselamatkan, Tuhan berkata kepadanya:
"Pergilah dan provokasi para penjaga agar menggantikan posisi mereka, supaya Aku tidak membinasakan umat itu."
Ini bukan kata-kata yang lembut.
Ini adalah bahasa pertanggungjawaban.
Narasi tersebut telah bergeser dari:
Keselamatan pribadi → Pelestarian publik → Perlindungan nasional.
Sekarang sudah berkembang menjadi:

Tanggung jawab.
Pesan itu bukan sekadar "hati-hati."
Itu adalah upaya untuk "meningkatkan standar."
Karena dia telah melihat:
Semangat keagamaan tanpa pengetahuan.
Kemunafikan gereja. Kompromi dalam kepemimpinan.
Kemalasan spiritual.
Bertahan hidup bukanlah untuk bersembunyi.
Itu untuk membunyikan alarm.

Ayat-ayat Suci

Perjanjian Lama

"Hai anak manusia, Aku telah menjadikan engkau seorang penjaga… karena itu engkau akan mendengar firman dari mulut-Ku dan memperingatkan mereka dari-Ku."
— Yehezkiel 33:7
Penjaga tidak menghibur.
Mereka memperingatkan.

Perjanjian Baru

"Namun demikian, dasar Allah yang kokoh tetaplah ada… Hendaklah setiap orang yang menyebut nama Kristus menjauhkan diri dari kejahatan."
— 2 Timotius 2:19
Meningkatkan standar dimulai dengan kesucian.

Pelajaran

Akan tiba saatnya di mana iman pribadi harus menjadi tanggung jawab publik.
Seorang penjaga melakukan tiga hal:

1. Berdiri di posisi masing-masing.
2. Melihat dengan jelas.
3. Mengucapkan kebenaran.

Penjaga keamanan tidak populer.
Itu perlu.
Kompromi menyebar saat penjaga tertidur.
Kemunafikan menyebar ketika para penjaga berdiam diri.

Kemerosotan moral meningkat ketika para penjaga bergabung dengan kerumunan.
Anda tidak diperbolehkan memegang mimbar nasional.
Namun, Anda memikul tanggung jawab di suatu tempat.
Di rumahmu.
Di gerejamu. Di tempat kerjamu. Di generasimu.
Meningkatkan standar bukan berarti mengutuk orang.
Artinya menjalani apa yang kamu nyatakan.

Pertanyaan Refleksi

1. Di manakah Tuhan menempatkan saya sebagai seorang penjaga?
2. Apakah aku menjadi diam agar tetap diterima?
3. Di mana saya pernah mentolerir kompromi?
4. Apakah saya hidup sesuai dengan standar yang saya harapkan dari orang lain?
5. Standar apa yang harus saya tingkatkan dalam hidup saya sendiri terlebih dahulu?

Jawablah dengan tenang.

Pernyataan

Berdiri dan nyatakan:
"Saya menerima jabatan saya.
Saya tidak akan berkompromi. Saya akan meningkatkan standar di bidang saya. Saya akan menjalankan apa yang saya nyatakan."
Ulangi dengan sungguh-sungguh.

Doa Terstruktur (45 Menit)

1. Ibadah (10 Menit)

Hormati Tuhan sebagai yang kudus.

2. Pertobatan (15 Menit)

Mengakui kesalahan pribadi.

3. Doa Syafaat (10 Menit)

Berdoa untuk para pemimpin dan kemurnian gereja.

4. Pengutusan (10 Menit)
Mintalah keberanian untuk berdiri.
Tutup dengan:
"Jadikan aku seorang penjaga yang setia."

Poin-Poin Tindakan
Hari ini Anda akan:

1. Identifikasi satu area yang bermasalah dalam hidup Anda dan perbaiki.
2. Berikan semangat kepada seseorang yang sedang mengalami penyimpangan spiritual.
3. Pelajarilah Yehezkiel 33 dengan saksama.
4. Singkirkan satu pengaruh yang menurunkan standar spiritual Anda.
5. Berkomitmenlah pada kekudusan pribadi yang konsisten.

HARI KE-25

Bangunlah Sesuatu yang Akan Bertahan Lebih Lama dari Api

Pembawa Berita

Islam militan memiliki struktur.
Siklus doa dijadwalkan.
Puasa dilakukan dengan disiplin. Pengulangan ditegakkan.
Intensitasnya dilatih.
Ketika ia bertobat, emosi saja tidak cukup.
Struktur bangunan harus dibangun ulang.
Jika kesalahan yang didisiplinkan dapat membangun komitmen radikal,
maka kebenaran yang didisiplinkan pasti akan membangun daya tahan yang lebih kuat.
Bertahan hidup di bawah hujan peluru tidak membuatnya mampu bertahan.
Formasi tersebut berhasil.
Penganiayaan tidak melestarikan iman.
Struktur memang berperan.

Ayat-ayat Suci
Perjanjian Lama
"Pada petang, pada pagi, dan pada tengah hari aku akan berdoa dan berseru dengan suara keras, maka Ia akan mendengar suaraku."
— Mazmur 55:17
Ritme mempertahankan hubungan.
Perjanjian Baru
"Tidak bisakah kamu berjaga-jaga bersama-Ku satu jam saja?"
— Matius 26:40

Satu jam.
Dengan sengaja. Tanpa gangguan.

Pelajaran

Banyak orang percaya berdoa secara reaktif.
Hanya sedikit yang berdoa secara terstruktur.
Doa reaksioner bertahan dalam krisis.
Doa terstruktur membangun ketahanan.
Anda tidak dapat membangun komitmen tingkat militan dengan kekristenan yang biasa-biasa saja.
Jika pengabdianmu tidak menentu,
kestabilanmu akan rapuh.
Disiplin bukanlah legalisme.
Ini adalah penyelarasan.

Model Doa Strategis 60 Menit

Ini bukan pertunjukan emosional.
Ini adalah formasi.

1 30 Menit — Sembah Dia karena Siapa Dia

Tidak ada permintaan.
Tidak ada petisi.
Hanya pemujaan.

- Yang Mulia.
- Kedaulatannya.
- Rahmat-Nya.
- Keadilannya.
- Kesetiaan-Nya.

Ibadah membangun kembali perspektif.

2 10 Menit — Nyatakan Kedaulatan-Nya

Umumkan dengan lantang:

- Dia menguasai hidupmu.
- Dia berkuasa atas keluargamu.
- Dia berkuasa atas panggilanmu.
- Dia berkuasa atas bangsamu.

Kedaulatan menyelaraskan otoritas.

3 10 Menit — Pertobatan

Mengakui:

- Kompromi.
- Kemunafikan.
- Kemalasan.
- Takut.
- Loyalitas yang terpecah.

Kemurnian melindungi kekuasaan.

4 10 Menit — Dekrit yang Selaras dengan Kerajaan

Bukan keinginan yang egois.
Bukan ambisi duniawi.
Menyatakan:

- Keselarasan dengan kehendak-Nya.
- Disiplin dalam hidupmu.
- Keberanian dalam ketaatan.
- Kekudusan dalam tingkah laku.
- Penyelesaian tugas.

Dekrit harus selaras dengan Kitab Suci.

Pertanyaan Refleksi

1. Apakah doa saya didasari disiplin atau emosi?
2. Apakah saya berdoa lebih lama saat krisis daripada saat damai?
3. Apa yang menghalangi saya untuk fokus selama satu jam penuh?
4. Apakah saya memiliki struktur spiritual yang baik?
5. Apa yang bisa berubah jika saya mempraktikkan ini setiap hari selama 40 hari?

Jawab dengan jujur.

Pernyataan

Berdiri dan nyatakan:

"Aku akan membangun pengabdian yang disiplin. Doaku akan terstruktur. Kesetiaanku akan dibentuk setiap hari. Aku tidak akan hidup secara spiritual dengan santai." Ulangi dengan tegas.

Doa Terstruktur

Hari ini, lakukan model lengkap selama 60 menit.
Tidak ada jalan pintas.
Tidak boleh melakukan banyak tugas sekaligus.
Tidak terganggu.

Poin-Poin Tindakan

1. Jadwalkan satu jam tetap setiap hari.
2. Singkirkan gangguan digital selama berdoa.
3. Catatlah wahyu-wahyu yang diterima selama ibadah.
4. Pantau konsistensi selama 7 hari.
5. Lindungi waktu ini sebagai sesuatu yang tidak dapat dinegociasikan.

HARI KE-26

Mendengar Tuhan dengan Jelas

Pembawa Berita

Titik balik dalam hidupnya bukanlah sesuatu yang terjadi secara kebetulan.

Mereka memiliki arah tertentu.

Maiduguri — sebuah visi.

Momen kebakaran — konfrontasi. Pertemuan di hotel — "Kita sudah keterlaluan." Komisi — "Provokasi para penjaga."

Ini bukanlah kesan yang samar-samar.

Mereka sudah jelas.

Spesifik.

Mengganggu.

Ketika kesetiaan beralih,

kejelasan pun menyusul.

Namun, kejelasan tidak muncul dari kekacauan.

Itu berasal dari penyerahan diri.

Dan kemudian — disiplin.

Mereka yang hidup dengan santai jarang mendengar dengan jelas.

Mereka yang hidup dalam perpecahan mendengar dengan cara yang terdistorsi.

Mereka yang terstruktur akan mendengar dengan tenang.

Ayat-ayat Suci

Perjanjian Lama

"Berfirmanlah, TUHAN, karena hamba-Mu mendengarkan."
— 1 Samuel 3:10

Pendengaran membutuhkan postur tubuh.

Perjanjian Baru

"Domba-domba-Ku mendengarkan suara-Ku, dan Aku mengenal mereka, dan mereka mengikuti Aku."
— Yohanes 10:27
Pendengaran bersifat relasional.
Berikut ini membuktikan pendengaran.

Pelajaran
Banyak orang beriman mengatakan, "Tuhan diam saja."
Seringkali masalahnya bukanlah keheningan.
Itu adalah kebisingan.
Kebisingan ketakutan.
Kebisingan ambisi. Kebisingan perbandingan. Kebisingan media sosial. Kebisingan kompromi yang tak disesali.
Anda tidak dapat mendengar dengan jelas jika hati Anda terbagi.
Kejelasan membutuhkan:

- Menyerah.
- Disiplin.
- Diam.
- Ketaatan pada apa yang telah dikatakan sebelumnya.

Tuhan jarang memberikan petunjuk baru kepada mereka yang mengabaikan petunjuk sebelumnya.
Dia berbicara secara terarah.
Bukan tanpa henti.
Jika Dia berbicara, perkataan-Nya akan selaras dengan Kitab Suci.
Perkataan-Nya akan meninggikan kekudusan. Perkataan-Nya akan menuntut ketaatan. Perkataan-Nya tidak akan menyanjung ego.

Pertanyaan Refleksi

1. Kapan terakhir kali saya menaati sesuatu yang Tuhan tunjukkan kepada saya?
2. Gangguan apa yang mengaburkan pendengaran spiritual saya?
3. Apakah saya memprioritaskan keheningan?

4. Apakah saya menunggu instruksi baru sambil mengabaikan hukuman sebelumnya?
5. Jika Tuhan berbicara dengan jelas malam ini, akankah aku taat?

Jawab dengan jujur.

Pernyataan

Berdiri dan nyatakan:
"Telingaku terbuka.
Hatiku berserah. Aku menolak gangguan. Aku akan mendengar dan taat."
Ulangi perlahan.

Doa Terstruktur (45 Menit)

1. Ibadah (10 Menit)

Akui Dia sebagai Gembala.

2. Keheningan (10 Menit)

Duduklah dengan tenang. Tanpa berkata apa-apa. Dengarkan.

3. Menyerah (10 Menit)

Lepaskan agenda Anda.

4. Penyelarasan (15 Menit)

Mintalah kejelasan dan keberanian untuk patuh.
Tutup dengan:
"Berbicaralah, Tuhan. Aku akan menjawab."

Poin-Poin Tindakan

1. Luangkan waktu 10 menit dalam keheningan total hari ini.
2. Catatlah kesan-kesan Anda — ujilah kesan-kesan tersebut dengan Kitab Suci.
3. Patuhilah satu keyakinan kecil ini segera.
4. Kurangi salah satu sumber kebisingan.
5. Bacalah 1 Samuel 3 dan Yohanes 10 perlahan-lahan.

HARI KE-27

Berjalan dan Bekerja Bersama Tuhan

Pembawa Berita

Peristiwa-peristiwa itu nyata.
Kebakaran itu nyata.
Penglihatan itu nyata.
Konfrontasi di hotel itu benar-benar terjadi.
Peluru-peluru itu asli.
Penyelamatan presiden itu nyata.
Namun, pertemuan saja tidak cukup untuk mempertahankan kehidupan.
Berjalan kaki juga bisa.
Setelah bertahan hidup.
Setelah pengawalan. Setelah penugasan.
Kehidupan terus berlanjut setiap hari.
Pengambilan keputusan.
Perjalanan. Khotbah. Membangun pelayanan. Melayani masyarakat. Hidup di tengah ketegangan keluarga yang terpecah belah.
Momen-momen ajaib itu tidak terjadi setiap hari.
Yang dimaksud adalah berjalan kaki.
Anda tidak bisa hidup selamanya dalam pertemuan.
Anda harus hidup dalam sebuah hubungan.

Ayat-ayat Suci
Perjanjian Lama
"Henokh berjalan bersama Allah; dan ia tidak ada lagi, karena Allah telah mengambilnya."
— Kejadian 5:24

Tidak hanya percaya.
Tapi juga bertindak.

Perjanjian Baru

"Karena itu, sebagaimana kamu telah menerima Kristus Yesus, Tuhan, demikianlah hiduplah di dalam Dia."
— Kolose 2:6

Menerima adalah sebuah peristiwa.
Berjalan adalah sebuah proses.

Pelajaran

Banyak orang beriman mengejar momen-momen tertentu.
Hanya sedikit yang gemar berjalan kaki.
Berjalan kaki berarti:

- Ritme harian.
- Ketaatan yang teguh.
- Kesadaran terus-menerus.
- Keselarasan yang konsisten.

Berjalan kaki tidak memerlukan kacamata.
Hal itu membutuhkan kesetiaan.
Bekerja bersama Tuhan berarti:
Anda tidak boleh memisahkan Dia ke dalam kategori-kategori tertentu.
Dia tidak hanya hadir pada waktu berdoa.
Dia hadir di:

- Keputusan bisnis.
- Percakapan keluarga.
- Perencanaan kementerian.
- Pilihan keuangan.
- Penyelesaian konflik.

Berjalan kaki menghilangkan kehidupan ganda.
Berjalan kaki menghilangkan kekristenan yang bersifat pertunjukan.
Berjalan kaki membangun integritas.

Pertanyaan Refleksi

1. Apakah saya lebih mengejar pertemuan daripada konsistensi?

2. Apakah kehidupan spiritual saya didorong oleh peristiwa atau oleh hubungan?
3. Apakah saya berkonsultasi dengan Tuhan dalam keputusan sehari-hari?
4. Bagaimana kehidupan saya terbagi-bagi?
5. Jika seseorang mengamati minggu saya, apakah mereka akan melihat kegiatan jalan-jalan?

Jawab dengan jujur.

Pernyataan

Berdiri dan nyatakan:
"Aku akan berjalan bersama Tuhan setiap hari.
Imanku bukan iman yang sesekali saja. Aku menolak kekristenan yang terkotak-kotak. Aku berjalan dalam ketaatan secara konsisten."
Ulangi perlahan.

Doa Terstruktur (45 Menit)

1. Ibadah (10 Menit)

Akui kehadiran Tuhan dalam semua aspek kehidupan.

2. Penyerahan Diri (10 Menit)

Undang Dia ke dalam rutinitas harian Anda.

3. Penyelarasan (15 Menit)

Berdoalah untuk setiap area kehidupan Anda — keluarga, pekerjaan, pelayanan, keuangan.

4. Komitmen (10 Menit)

Berkomitmenlah pada kesadaran harian yang penuh perhatian.
Tutup dengan:
"Aku berjalan bersama-Mu."

Poin-Poin Tindakan

1. Undang Tuhan secara sengaja ke dalam satu keputusan hari ini.
2. Singkirkan satu kompartemen di mana Dia telah dikeluarkan.

3. Awali pagi Anda besok dengan penyerahan diri yang disengaja.
4. Bacalah Kejadian 5 dan Kolose 2 perlahan-lahan.
5. Pantau kepatuhan harian selama 7 hari.

HARI KE-28

Hidup di Atas Kemunafikan

Pembawa Berita

Salah satu momen paling berbahaya sepanjang perjalanan bukanlah suara tembakan.
Itu adalah inkonsistensi di dalam Gereja.
Dia berasal dari didikan disiplin yang keras.
Di mana apa yang dikhotbahkan dipraktikkan.
Di mana struktur ditegakkan. Di mana teks diterapkan.
Ia memeluk agama Kristen dengan harapan memperoleh integritas yang lebih besar.
Sebaliknya, yang dilihatnya adalah:
Berkhotbah tanpa praktik.
Bahasa tanpa gaya hidup. Pertunjukan spiritual tanpa devosi pribadi.
Kekecewaan itu hampir membuatnya kembali.
Peluru-peluru itu hampir tidak merenggut nyawanya.
Kemunafikan hampir saja terjadi.
Begitulah dahsyatnya dampaknya.

Ayat-ayat Suci
Perjanjian Lama
"Orang-orang ini mendekati Aku dengan mulut mereka... tetapi hati mereka jauh dari Aku."
— Yesaya 29:13
Berpidato tanpa menyerah.
Perjanjian Baru
"Celakalah kamu, hai orang-orang munafik! Sebab kamu membersihkan bagian luar cawan dan piring, tetapi bagian dalamnya penuh dengan keserakahan dan kesenangan diri."
— Matius 23:25

Tampilan luar yang rapi.
Korupsi di dalam.

Pelajaran

Kemunafikan bukanlah kelemahan.
Ini adalah perpecahan.
Ia menjalani dua kehidupan.

- Satu publik.
- Satu unit pribadi.

Ini sama saja dengan menyatakan kesetiaan secara terbuka, sementara menegosiasikannya secara pribadi.
Dan tidak ada yang menghancurkan saksi lebih cepat dari itu.
Anda mungkin bisa selamat dari penganiayaan.
Namun, Anda tidak bisa bertahan menghadapi korupsi internal.
Jika kehidupan doa Anda lemah,
tetapi khotbah Anda kuat—itulah keretakan.
Jika imanmu di depan umum teguh,
tetapi ketaatanmu secara pribadi tidak konsisten—itulah keretakan.
Integritas berarti keselarasan.
Apa yang saya katakan.
Apa yang saya lakukan. Apa yang saya yakini. Apa yang saya praktikkan.
Arah yang sama.

Pertanyaan Refleksi

1. Di bagian mana kehidupan pribadi saya bertentangan dengan pengakuan publik saya?
2. Disiplin spiritual apa yang saya lakukan tetapi tidak saya pertahankan?
3. Akankah orang-orang terdekatku membenarkan pengabdianku?
4. Kompromi apa yang sedang saya benarkan?
5. Jika kemunafikan terungkap hari ini, apa yang akan muncul?

Jawab tanpa alasan.

Pernyataan
Berdiri dan nyatakan:
"Saya menolak kehidupan ganda.
Kehidupan pribadi saya akan sesuai dengan pengakuan publik saya. Saya memilih integritas. Saya memilih keutuhan. Saya memilih keselarasan."
Ulangi perlahan.

Doa Terstruktur (45 Menit)
1. Ibadah (10 Menit)
Hormati Kristus sebagai yang kudus dan benar.
2. Penyingkapan (15 Menit)
Mintalah Tuhan untuk mengungkapkan ketidakkonsistenan yang tersembunyi.
3. Pertobatan (10 Menit)
Mengakui kesalahan spesifik.
4. Penyelarasan (10 Menit)
Berdoa memohon kekuatan untuk hidup secara konsisten.
Tutup dengan:
"Biarkan bagian dalam dan luar diriku sepakat."

Poin-Poin Tindakan

1. Singkirkan satu kompromi tersembunyi.
2. Perkuat satu disiplin ilmu yang lemah.
3. Akui sesuatu secara pribadi kepada Tuhan yang telah Anda abaikan.
4. Bacalah Matius 23 perlahan-lahan.
5. Mintalah seseorang yang Anda percayai untuk meminta pertanggungjawaban Anda.

HARI KE-29

Godaan untuk Kembali

Pembawa Berita

Setelah kebakaran.
Setelah mendapat penglihatan.
Setelah menyerah.
Setelah pelayanan.
Setelah peluru.
Setelah penyelamatan.
Setelah layanan pendamping.
Godaan itu tetap datang.
Bukan karena Islam terbukti lebih kuat.
Namun karena Kekristenan tampak tidak konsisten.
Dia telah bersaksi dengan jelas: ada satu poin yang telah dia putuskan sebelumnya.
Dia akan menyampaikan satu pesan terakhir.
Kemudian kembali.
Dia telah mempertimbangkan kedisiplinan dari kehidupan sebelumnya dibandingkan dengan kompromi yang dia amati.
Dan mundur terasa logis.
Itu menyadarkan kita.
Seorang pria yang melihat surga.
Seorang pria yang melihat neraka. Seorang pria yang selamat dari upaya pembunuhan.
Tetap dihadapkan pada godaan untuk kembali.
Godaan tidak selalu tentang keraguan.
Terkadang ini tentang kekecewaan.

Ayat-ayat Suci
Perjanjian Lama
"Dan ketika mereka ingat bahwa Allah adalah batu karang mereka... namun mereka menyanjung Dia dengan mulut mereka... karena hati mereka tidak teguh di hadapan-Nya."
— Mazmur 78:35-37
Ingatan tidak menjamin keteguhan.
Perjanjian Baru
"Karena Demas telah meninggalkan Aku, karena ia lebih mencintai dunia ini."
— 2 Timotius 4:10
Beberapa memulai dengan baik.
Beberapa kembali.

Pelajaran
Godaan untuk kembali bukan berarti Anda tidak pernah tulus.
Itu artinya kamu adalah manusia.
Hasil pengembalian mungkin terlihat seperti ini:

- Kembali ke kebiasaan lama.
- Melunakkan keyakinan.
- Menurunkan standar.
- Kemalasan spiritual.
- Penarikan diri secara emosional.
- Rasa dendam yang disamarkan sebagai teologi.

Anda tidak diperbolehkan menyangkal Kristus secara terbuka.
Namun, Anda bisa hanyut ke dalam diri sendiri.
Kepulangan dimulai dengan tenang.
Ini dimulai dengan:
"Aku lelah."
"Ini tidak sepadan." "Setidaknya dulu, ada disiplin." "Tidak ada yang hidup sesuai dengan apa yang mereka khotbahkan."
Begitulah cara retret berbicara.
Musuh jarang menyerang dengan menyangkal Kristus terlebih dahulu.
Dia menyerang dengan cara yang melemahkan semangat.

Pertanyaan Refleksi

1. Di mana saya diam-diam mempertimbangkan untuk mundur?
2. Kekecewaan apa yang memicu pikiran itu?
3. Apakah saya sedang mengontraskan keyakinan saya?
4. Pola lama mana yang terasa menarik lagi?
5. Jika aku kembali, apa yang akan hilang dariku?

Menulislah tanpa rasa malu.

Pernyataan

Berdiri dan nyatakan:
"Aku tidak akan kembali.
Kekecewaan tidak akan mengendalikanku. Kesetiaanku sudah pasti. Aku tidak akan menegosiasikan perjanjian."
Ulangi dengan tegas.

Doa Terstruktur (45 Menit)

1. Ibadah (10 Menit)

Akui Kristus sebagai pribadi yang tidak berubah.

2. Pengakuan (10–15 Menit)

Sebutkan hal-hal yang membuat Anda putus asa.

3. Kekuatan (15 Menit)

Berdoa memohon ketahanan dalam menghadapi kekecewaan.

4. Komitmen (5 Menit)

Tegaskan kembali loyalitas secara verbal.
Tutup dengan:
"Sudah terlambat untuk kembali."

Poin-Poin Tindakan

1. Identifikasi satu area penyimpangan spiritual dan perbaiki itu hari ini juga.
2. Singkirkan salah satu pengaruh yang memicu rasa putus asa.
3. Ucapkan kembali sumpah setiamu dengan lantang sebelum tidur.
4. Bacalah Mazmur 78 dan 2 Timotius 4.

5. Perkuat disiplin doamu malam ini.

HARI KE-30

"Kita Sudah Keterlaluan"

Pembawa Berita

Dia sudah mengambil keputusan.
Dia akan menyampaikan satu pesan terakhir.
Setelah itu — dia akan kembali.
Keputusan internal telah dibuat.
Tidak secara publik.
Secara pribadi.
Dia berkhotbah di sebuah pertemuan besar.
Suasananya sangat mengharukan.
Orang-orang menangis. Kehadiran Tuhan terasa nyata.
Namun di dalam hatinya, ia menyimpulkan:
"Ini adalah pesan terakhirku."
Setelah itu, mereka mengantarnya kembali ke hotelnya.
Saudara kembarnya dan para pemimpin lainnya hadir.
Dia membuka pintu.
Dan dia mengatakan bahwa Yesus sedang berdiri di sana.
Bukan simbolis.
Bukan imajiner. Cukup nyata bahwa dia jatuh di bawah kekuasaan.
Orang lain di ruangan itu merasakan sesuatu.
Tapi dia melihat.
Dan kata-katanya lugas:
"Kita sudah melangkah terlalu jauh. Sudah terlambat untuk mundur."
Ada saat-saat ketika Tuhan mengganggu retret pribadi Anda.
Dia tidak membantah.
Dia mengingatkan.
Kau telah melihat terlalu banyak.
Kau telah mengetahui terlalu banyak. Kau telah melangkah terlalu jauh.

Mundur bukanlah lagi kepolosan.
Itu adalah pemberontakan.

Ayat-ayat Suci
Perjanjian Lama
"Ingatlah istri Lot."
— Lukas 17:32 (merujuk pada Kejadian 19)
Menengok ke belakang bisa menentukan nasib.
Perjanjian Baru
"Tidak seorang pun yang telah meletakkan tangannya pada bajak dan menoleh ke belakang, layaklah bagi Kerajaan Allah."
— Lukas 9:62
Maju adalah perjanjian.
Mundur berarti berkompromi.

Pelajaran
Tuhan tidak selalu menghentikanmu sebelum kamu memutuskan.
Terkadang Dia menunggu sampai kamu memutuskan — lalu menghadapimu.
Anda mungkin tidak akan melihat Yesus di kamar hotel.
Namun Anda akan menjumpai momen-momen di mana keyakinan berbicara dengan jelas:
"Kamu tidak bisa kembali."
Ketika kebenaran telah terungkap secara mendalam, kembali bukanlah ketidaktahuan.
Ini adalah penolakan.
Ada sebuah garis.
Setelah dilintasi,
mundur tidak lagi aman.
Sebagian orang beriman berpikir mereka bisa hanyut tanpa konsekuensi.
Namun ketika perjanjian telah dimeteraikan,
pembalasan akan melukai jiwa.
Ada saat-saat di mana surga berkata:

Cukup.
Teruskan saja.

Pertanyaan Refleksi

1. Apakah saya telah membuat keputusan pribadi untuk mundur?
2. Kebenaran apa yang telah kulihat sehingga membuat kepulangan menjadi mustahil?
3. Ke mana arah ingatan emosionalku saat ini?
4. Berapa harga yang harus kubayar untuk kembali ke sana?
5. Jika Yesus menemui saya malam ini, apa yang akan Dia katakan?

Jawablah dengan tenang.

Pernyataan

Berdiri dan nyatakan:
"Sudah terlambat bagiku untuk kembali.
Aku telah melihat terlalu banyak. Aku tahu terlalu banyak.
Perjanjianku tetap berlaku. Maju terus."
Ulangi perlahan.

Doa Terstruktur (45 Menit)

1. Penghormatan (10 Menit)

Mengakui Kristus sebagai Tuhan.

2. Pengakuan Dosa (15 Menit)

Akui segala penarikan diri internal.

3. Pengukuhan Kembali (15 Menit)

Perbarui kesetiaan Anda dengan lantang.

4. Penyegelan (5 Menit)

Tutup pintu secara verbal untuk kembali.
Tutup dengan:
"Kesetiaanku sudah pasti."

HARI KE-31

Anda Memiliki Tugas

Pembawa Berita

Dalam pertemuan yang sama, setelah konfrontasi terjadilah penugasan.
"Kamu memiliki tugas dalam Tubuh Kristus."
Bukan kenyamanan.
Bukan popularitas.
Penugasan.
Ia diperintahkan untuk menaikkan bendera.
Untuk memprovokasi para penjaga. Untuk membunyikan alarm.
Bertahan hidup bukanlah akhir segalanya.
Itu adalah persiapan.
Pelestarian tidak ada untuk tujuan keamanan.
Keberadaannya adalah untuk melayani.
Ketika surga melindungi seseorang berulang kali,
itu karena surga mengharapkan sesuatu.
Penugasan menggantikan ambiguitas.
Begitu tugas sudah jelas,
berkeliaran tanpa tujuan akan berubah menjadi ketidaktaatan.

Ayat-ayat Suci
Perjanjian Lama
"Sebelum Aku membentukmu dalam kandungan, Aku telah mengenalmu… Aku telah menetapkanmu menjadi nabi bagi bangsa-bangsa."
— Yeremia 1:5
Panggilan mendahului konflik.
Perjanjian Baru
"Karena kita adalah hasil karya-Nya, diciptakan dalam Kristus Yesus untuk melakukan perbuatan baik, yang telah

dipersiapkan Allah sebelumnya."
— Efesus 2:10
Disimpan untuk tujuan tertentu.

Pelajaran
Banyak orang beriman yang tulus.
Hanya sedikit yang disengaja.
Anda tidak diselamatkan untuk eksis.
Kamu diselamatkan untuk melayani.
Tugas mungkin bukan mimbar.
Bisa jadi keluarga. Bisa jadi bisnis. Bisa jadi doa syafaat. Bisa jadi memberi pengaruh.
Tapi Anda memilikinya.
Jika Tuhan melindungi Anda,
pasti ada tujuan di baliknya.
Bahayanya bukanlah kehilangan keselamatan.
Bahayanya adalah membuang-buang tugas.

Pertanyaan Refleksi

1. Apa kira-kira tugas saya?
2. Ke mana beban saya selalu kembali?
3. Aspek kepatuhan mana yang membuat saya takut?
4. Apakah saya bersikap pasif dengan sengaja?
5. Jika aku meninggal setelah hanya memenuhi satu hal, apa yang seharusnya kupilih?

Jawablah dengan sengaja.

Pernyataan
Berdiri dan nyatakan:
"Saya memiliki tugas.
Saya tidak akan menyia-nyiakan upaya pelestarian. Saya akan meningkatkan standar di bidang saya. Saya menerima tanggung jawab ini."
Ulangi dengan tegas.

Doa Terstruktur (45 Menit)

1. Ibadah (10 Menit)

Hormati Tuhan sebagai Sang Pemanggil.

2. Penyelidikan (15 Menit)

Tanyakan dengan jelas: "Apa tugas saya?"

3. Penyerahan Diri (10 Menit)

Persembahkan hidup Anda sepenuhnya.

4. Keberanian (10 Menit)

Berdoa memohon keberanian untuk taat.

Tutup dengan:

"Kirim aku."

HARI KE-32

Program Reset Disiplin Strategis 7 Hari

Pembawa Berita

Pembentukan kelompok militan berhasil karena bersifat berulang.
Siklus doa bukanlah pilihan.
Puasa memiliki struktur tertentu. Ketaatan ditegakkan.
Setelah penyerahan diri, jika disiplin tidak dibangun kembali, struktur lama akan merebut kembali wilayah tersebut.
Anda tidak dapat mengganti struktur yang kuat dengan pengabdian yang lemah.
Intensitas spiritual membutuhkan infrastruktur.
Bertahan hidup tanpa struktur akan menciptakan keruntuhan di masa depan.
Jadi, disiplin harus dilakukan dengan sengaja.
Tidak ambigu.
Tidak emosional.
Terukur.
Terlindung.
Ulang.

Ayat-ayat Suci
Perjanjian Lama
"Kemudian Daniel... pulang ke rumahnya... dan berlutut tiga kali pada hari itu, berdoa dan mengucap syukur di hadapan Allahnya, seperti kebiasaannya sejak dahulu kala."
— Daniel 6:10
Krisis tidak membatalkan kebiasaan.
Perjanjian Baru

"Disiplinilah dirimu untuk tujuan kesalehan."
— 1 Timotius 4:7
Kesalehan tidak tumbuh secara kebetulan.

Model Reset 7 Hari
Ini bukan legalisme.
Ini adalah pembangunan kembali fondasi.
Untuk 7 hari ke depan:

1. Waktu Sholat Tetap
Satu jam tanpa gangguan setiap hari.
Minimum.
Tidak dapat dinegosiasikan.
Gunakan struktur 60 menit:

- 30 ibadah
- 10 kedaulatan
- 10 pertobatan
- 10 dekrit

Tidak boleh melakukan banyak tugas sekaligus.

2 Pendalaman Kitab Suci
Bacalah satu Injil secara keseluruhan selama 7 hari.
Tidak dengan mudah.
Sorot.
Garis bawahi. Tulis catatan.

3 Audit Integritas
Setiap malam tanyakan :

- Apakah kehidupan pribadiku sesuai dengan pengakuanku?
- Di mana letak kompromi saya?
- Apakah aku langsung menuruti perintahmu?

Tuliskan tanggapan singkat.

4 Disiplin Berbicara
Tidak ada keluhan.
Tidak ada gosip. Tidak ada yang dilebih-lebihkan.

Tujuh hari pembatasan verbal.

5 Puasa

Setidaknya satu kali berpuasa dengan sengaja selama 7 hari.
Bukan ritual.
Disengaja.

6 Pengurangan Digital

Kurangi kebisingan.
Batasi media.
Batasi pengguliran.
Perhatian penjaga.

7 Akuntabilitas Harian

Beri tahu satu orang yang Anda percayai.
Laporkan penyelesaian setiap hari.

Pelajaran

Pergeseran spiritual itu halus.
Disiplin itu dilakukan dengan sengaja.
Jika Anda tidak melakukan reset,
Anda akan mengalami kemunduran.
Intensitas memudar.
Kenyamanan merayap masuk. Kompromi menjadi penentu.
Namun ritme mengembalikan ketajamannya.
Tujuh hari pengaturan ulang yang disengaja
dapat mengembalikan sensitivitas.

Pertanyaan Refleksi

1. Di bagian mana kedisiplinan saya melemah?
2. Kebiasaan apa yang perlu segera dibangun kembali?
3. Apakah saya bersedia melindungi diri selama satu jam setiap hari?
4. Gangguan apa yang harus dihilangkan?
5. Siapa yang bisa meminta pertanggungjawaban saya?

Jawablah secara praktis.

Pernyataan
Berdiri dan nyatakan:
"Saya memilih iman yang disiplin.
Saya menolak kekristenan yang asal-asalan. Saya akan membangun kembali struktur. Saya tidak akan hanyut."
Ulangi perlahan.

Doa Terstruktur (45 Menit)
1. Ibadah (10 Menit)
Hormati Tuhan sebagai pribadi yang layak disembah dengan sungguh-sungguh.
2. Pertobatan (10 Menit)
Akui area kemalasan.
3. Penyelarasan (15 Menit)
Mintalah kekuatan untuk menyelesaikan pengaturan ulang.
4. Penyegelan (10 Menit)
Ucapkan komitmen untuk 7 hari ke depan dengan lantang.
Tutup dengan:
"Saya akan menyelesaikan pengaturan ulang ini."

Poin-Poin Tindakan

1. Tulis jadwal 7 hari Anda malam ini.
2. Singkirkan satu gangguan utama segera.
3. Beri tahu mitra akuntabilitas Anda.
4. Mulai besok pagi tanpa penundaan.
5. Pantau penyelesaian secara visual.

HARI KE-33

Deklarasi Kesetiaan

Pembawa Berita

Dia melanggar batasan.
Dari iman yang diwarisi
Menuju iman yang diserahkan sepenuhnya.
Dari pembentukan
menuju konfrontasi.
Dari penganiayaan
menuju pelestarian.
Dari godaan
Menuju komisi.
Dari sekadar bertahan hidup
menuju disiplin.
Pada titik tertentu, kesetiaan berhenti menjadi perasaan internal.
Hal itu dinyatakan sebagai perjanjian.
Ketika para prajurit mengucapkan sumpah setia,
itu diucapkan.
Ketika perjanjian dibuat dalam Kitab Suci,
perjanjian tersebut diungkapkan secara lisan.
Kesetiaan harus diungkapkan.
Karena apa yang tidak Anda ungkapkan,
akan Anda negosiasikan ulang.

Ayat-ayat Suci
Perjanjian Lama
"Adapun aku dan keluargaku, kami akan melayani TUHAN."
— Yosua 24:15
Pernyataan publik mengukuhkan keputusan pribadi.

Perjanjian Baru
"Jika kamu mengaku dengan mulutmu bahwa Yesus adalah Tuhan dan percaya dalam hatimu... kamu akan diselamatkan."
— Roma 10:9
Keyakinan internal.
Pengakuan eksternal.

Pelajaran
Anda tidak akan bisa hanyut jika Anda menyatakan perjanjian dengan jelas.
Namun jika komitmen Anda tetap tidak terdefinisi,
maka hal itu masih dapat dinegosiasikan.
Pernyataan kesetiaan melakukan empat hal:

1. Hal itu memperjelas identitas.
2. Ini menutup jalan mundur.
3. Hal itu membungkam negosiasi.
4. Hal ini menetapkan akuntabilitas.

Musuh tidak dapat dengan mudah menggoda apa yang telah disegel.
Anda harus menyatakan dengan jelas:
Kepada siapa kamu menjadi milik.
Apa yang kamu tolak. Apa yang kamu pegang teguh. Apa yang tidak akan kamu kompromikan.

Deklarasi Kesetiaan
Berdiri.
Ucapkan ini perlahan:
"Aku milik Yesus Kristus.
Kesetiaanku teguh. Aku tidak akan kembali berkompromi. Aku tidak akan hidup terpecah belah. Aku akan meningkatkan standar hidupku. Aku akan berjalan dalam disiplin. Aku menerima tugasku. Aku menolak kemunafikan. Aku menolak mundur. Hidupku dipelihara untuk suatu tujuan. Maju terus."
Berhenti sebentar.

Ulangi lagi.

Pertanyaan Refleksi

1. Apakah saya pernah secara lisan menyatakan kesetiaan saya?
2. Bidang kehidupan saya mana yang masih dalam tahap negosiasi?
3. Apakah kebiasaan harian saya sesuai dengan pernyataan saya?
4. Siapa yang tahu bahwa kesetiaanku sudah pasti?
5. Jika diuji di depan umum, akankah saya mampu bertahan?

Tulislah dengan jelas.

Doa Terstruktur (45 Menit)

1. Ibadah (10 Menit)

Hormati Kristus sebagai Tuhan.

2. Pernyataan (10 Menit)

Ulangi pernyataan kesetiaan Anda dengan lantang.

3. Penyerahan Diri (15 Menit)

Tawarkan masa depan, rencana, dan ambisi Anda.

4. Pengesahan (10 Menit)

Mintalah Roh Kudus untuk memperkuat perjanjian.
Tutup dengan:
"Kesetiaanku sudah pasti."

Poin-Poin Tindakan

1. Tuliskan pernyataan kesetiaanmu di dalam jurnalmu.
2. Ucapkan kalimat ini setiap hari selama 7 hari.
3. Beritahukan komitmen Anda kepada seseorang yang dekat dengan Anda.
4. Singkirkan satu kompromi itu segera.
5. Tinjau kembali pernyataan ini setiap bulan.

HARI KE-34

Berdiri dalam Kekuasaan

Pembawa Berita

Setelah menyerah.
Setelah penganiayaan.
Setelah diawetkan.
Setelah komisi.
Kekuasaan bukan lagi sekadar teori.
Ketika peluru tidak berhasil menghabisinya.
Saat para pengawal menjaganya.
Ketika dia terus berkhotbah di bawah ancaman.
Otoritas menjadi terlihat.
Tidak berisik.
Tapi sudah beres.
Otoritas bukanlah soal kuantitas.
Otoritas adalah keselarasan.
Anda tidak akan mendapatkan wewenang dengan berteriak.
Anda memperoleh wewenang dengan penyerahan diri.

Ayat-ayat Suci
Perjanjian Lama
"Lihatlah, Aku telah memberikan kepadamu kuasa… atas segala kuasa musuh."
— Lukas 10:19 (penggenapan pola kuasa kenabian)
(Kita berpegang pada ini tetapi menyertakan OT dengan jelas:)
"Lalu Daud berkata kepada orang Filistin itu… Aku datang kepadamu dalam nama TUHAN semesta alam."
— 1 Samuel 17:45
Kewenangan didasarkan pada perjanjian.

Perjanjian Baru

"Segala kuasa telah diberikan kepada-Ku... Karena itu pergilah."

— Matius 28:18-19

Otoritas berasal dari Kristus—bukan dari diri sendiri.

Pelajaran

Ada tiga jenis orang beriman:

1. Orang-orang beriman tanpa otoritas — penuh ketakutan dan reaktif.
2. Orang-orang beriman yang meniru otoritas — lantang tetapi tidak stabil.
3. Orang-orang beriman yang berjalan dalam otoritas — tenang namun teguh.

Kekuasaan sejati berasal dari:

- Hati nurani yang bersih.
- Ketaatan yang konsisten.
- Kehidupan doa yang terstruktur.
- Kesetiaan yang disegel.
- Penugasan yang jelas.

Anda tidak bisa mengusir rasa takut jika Anda hidup terpecah belah.

Anda tidak bisa bersikap tegas jika bernegosiasi secara pribadi.

Otoritas berarti selaras dengan pemerintahan surga.

Dan wewenang dijalankan melalui:

- Kata-kata.
- Keputusan.
- Batasan.
- Kehadiran.

Pertanyaan Refleksi

1. Apakah saya memahami otoritas spiritual saya?
2. Di mana letak keraguan saya ketika seharusnya saya bersikap tegas?

3. Apakah ada kompromi tersembunyi yang melemahkan kepercayaan diri saya?
4. Apakah saya menjalankan wewenang saya secara bertanggung jawab?
5. Apakah kehidupan doa saya mencerminkan seseorang yang mengetahui kedudukannya?

Jawab dengan jujur.

Pernyataan

Berdiri dan nyatakan:

"Aku berdiri di bawah otoritas Kristus.

Aku selaras dengan pemerintahan surga. Aku tidak akan mundur. Aku tidak akan menyalahgunakan wewenang. Aku berjalan dengan keyakinan yang disiplin."

Ulangi dengan tegas.

Doa Terstruktur (45 Menit)

1. Ibadah (10 Menit)

Menghormati Kristus sebagai Raja.

2. Penyelarasan (15 Menit)

Berdoa untuk hati yang bersih dan integritas.

3. Pernyataan (10 Menit)

Nyatakan Kitab Suci atas hidup Anda.

4. Tanggung Jawab (10 Menit)

Mohonlah hikmat untuk mengemban wewenang dengan rendah hati.

Tutup dengan:

"Aku tetap teguh."

Poin-Poin Tindakan

1. Identifikasi satu bidang di mana Anda harus menjalankan otoritas spiritual.
2. Singkirkan segala bentuk kompromi yang melemahkan posisi Anda.
3. Bacakan ayat-ayat Alkitab atas lingkungan Anda.
4. Perkuat disiplin doa Anda hari ini.

5. Jalani hidup dengan kesadaran penuh akan identitas Anda di dalam Kristus.

HARI KE-35

Ketahanan Melampaui Intensitas

Pembawa Berita

Api itu sangat besar.
Penglihatan itu sangat intens.
Pertemuan di hotel itu sangat menegangkan.
Proses penembakannya sangat menegangkan.
Evakuasi itu berlangsung menegangkan.
Namun intensitas itu hanya sesaat.
Ketahanan fisik adalah sesuatu yang berlangsung seumur hidup.
Setelah pemberitaan media mereda.
Setelah pengawalan kembali normal. Setelah ancaman berkurang. Setelah kerumunan bubar.
Anda menjalani hari-hari biasa saja.
Dan hari-hari biasa menentukan umur panjang.
Banyak yang memulai dengan baik.
Hanya sedikit yang tetap stabil.
Ketahanan bukanlah sesuatu yang dramatis.
Ini adalah pengulangan yang disiplin.

Ayat-ayat Suci
Perjanjian Lama
"Marilah kita berlari dengan tekun dalam perlombaan yang telah ditetapkan di hadapan kita."
— Ibrani 12:1
Perlombaan bukanlah lari cepat.
(Hal ini mencerminkan ketekunan Perjanjian Lama yang digenapi dalam Kristus.)
Juga:
"Meskipun itu tertunda, tunggulah itu."
— Habakuk 2:3

Keterlambatan menguji stamina.

Perjanjian Baru

"Barangsiapa bertahan sampai akhir, ia akan diselamatkan."
— Matius 24:13
Bukan dia yang memulai dengan lantang.
Tapi dia yang bertahan.

Pelajaran

Daya tahan dibangun melalui:

- Doa harian.
- Ketaatan yang konsisten.
- Menolak untuk tersinggung.
- Menjaga hatimu.
- Melindungi kemurnian.
- Tetaplah di tempat.

Keruntuhan spiritual jarang terjadi secara tiba-tiba.
Proses erosi berlangsung lambat.
Daya tahan melindungi saat melakukan panggilan.
Anda tidak bertahan dengan emosi.
Anda bertahan dengan ritme.
Anda tidak akan bertahan karena pujian publik.
Anda bertahan melalui disiplin pribadi.
Jika Anda tidak bisa bertahan menghadapi kebosanan,
Anda tidak akan bisa bertahan hidup dalam jangka panjang.

Pertanyaan Refleksi

1. Apakah saya lebih mencari intensitas daripada stabilitas?
2. Bagaimana saya harus bereaksi ketika antusiasme mereda?
3. Disiplin apa yang melindungi jalan kaki jangka panjang saya?
4. Apakah saya sedang membangun kebiasaan yang bisa bertahan selama 20 tahun?
5. Jika penganiayaan kembali terjadi besok, apakah aku masih akan bertahan?

Jawablah dengan mendalam.

Pernyataan
Berdiri dan nyatakan:
"Aku akan bertahan.
Aku tidak akan kelelahan. Aku tidak akan hanyut.
Aku akan tetap konsisten.
Imanku adalah iman jangka panjang."
Ulangi perlahan.

Doa Terstruktur (45 Menit)
1. Ibadah (10 Menit)
Hormati Kristus sebagai pribadi yang setia.
2. Kekuatan (15 Menit)
Mohonlah ketahanan spiritual.
3. Perlindungan (10 Menit)
Berdoalah melawan hanyutan perlahan.
4. Komitmen (10 Menit)
Berkomitmenlah untuk ketaatan yang berkelanjutan.
Tutup dengan:
"Saya akan menyelesaikannya dengan baik."

Poin-Poin Tindakan

1. Perkuat satu disiplin jangka panjang.
2. Hilangkan satu pola yang menyebabkan kelelahan.
3. Beristirahatlah dengan sengaja tanpa menarik diri secara spiritual.
4. Bacalah Ibrani 12 perlahan-lahan.
5. Rencanakan 30 hari ke depan Anda secara spiritual.

HARI KE-36

Kesucian sebagai Perlindungan

Pembawa Berita

Peluru tidak mengakhiri hidupnya.
Ancaman itu tidak membungkamnya.
Sikap oposisi tidak merusak moralnya.
Namun, sesuatu yang jauh lebih berbahaya bisa saja menghancurkan semuanya secara diam-diam:
Kompromi pribadi.
Tidak ada wanita panggilan yang dapat melindungi Anda dari dosa tersembunyi.
Tidak ada campur tangan presiden yang dapat menjaga integritas.
Evakuasi medis apa pun tidak dapat menyembuhkan keruntuhan moral.
Ancaman terbesar jarang berasal dari luar.
Ini adalah erosi internal.
Kekudusan bukanlah legalisme.
Ini adalah perlindungan spiritual.
Ketika hati nurani bersih,
otoritas tetap kuat.
Ketika hati terpecah,
kepercayaan diri melemah.
Musuh gagal melalui kekerasan.
Dia akan mencoba korupsi.

Ayat-ayat Suci
Perjanjian Lama
"Siapakah yang dapat mendaki bukit TUHAN? … Orang yang mempunyai tangan yang bersih dan hati yang murni."
— Mazmur 24:3-4
Akses membutuhkan kemurnian.

Perjanjian Baru
"Kejarlah... kekudusan, tanpa kekudusan itu tidak seorang pun akan melihat Tuhan."
— Ibrani 12:14
Kekudusan bukanlah pilihan.

Pelajaran
Kesucian melindungi dalam tiga cara:

1. Hal itu menjaga otoritas.
2. Hal itu melindungi kredibilitas.
3. Hal ini menjamin dampak lintas generasi.

Penganiayaan mungkin akan mengangkat derajat Anda.
Dosa akan mendiskualifikasi Anda.
Kisah yang paling tragis bukanlah kisah mereka yang diserang.
Mereka adalah orang-orang yang awalnya diselamatkan — tetapi kemudian terkompromikan.
Kekudusan bukanlah tentang rasa takut.
Ini tentang keselarasan.
Ia menjaga:

- Pernikahanmu.
- Pelayanan Anda.
- Anak-anakmu.
- Pengaruh Anda.
- Kedamaianmu.

Kesucian adalah kewaspadaan setiap hari.
Bukan intensitas sesekali.

Pertanyaan Refleksi

1. Apakah ada kompromi tersembunyi dalam hidupku?
2. Pola perilaku pribadi apa yang dapat melemahkan wewenang saya?
3. Apakah pengungkapan identitas saya akan merusak kredibilitas saya?

4. Apakah saya memperlakukan kesucian dengan enteng?
5. Batasan apa yang harus saya perkuat?

Jawaban tanpa kinerja.

Pernyataan

Berdiri dan nyatakan:

"Aku mengejar kesucian.

Kehidupan pribadiku akan tetap bersih. Aku menjaga hatiku.

Aku menolak kompromi rahasia. Kesucian melindungi tugasku."

Ulangi perlahan.

Doa Terstruktur (45 Menit)

1. Ibadah (10 Menit)

Hormati Tuhan sebagai yang kudus.

2. Pemeriksaan (15 Menit)

Minta pengungkapan kompromi tersembunyi.

3. Pertobatan (10 Menit)

Mengaku secara spesifik.

4. Perlindungan (10 Menit)

Mohon kekuatan untuk menjaga hidup Anda.

Tutup dengan:

"Jagalah hatiku."

Poin-Poin Tindakan

1. Singkirkan satu pengaruh yang merugikan hari ini.
2. Perkuat akuntabilitas.
3. Jagalah kehidupan pikiran Anda dengan sengaja.
4. Bacalah Mazmur 24 perlahan-lahan.
5. Tetapkan satu batasan yang tidak dapat dinegosiasikan.

HARI KE-37

Apa yang Dibangun oleh Ketahanan Anda

Pembawa Berita

Kisah ini bukan hanya tentang bertahan hidup.
Ini tentang apa yang dibangun setelah bertahan hidup.
Kementerian melanjutkan.
Gereja didirikan.
Komunitas yang terdampak.
El- Buba Outreach Ministries International (EBOMI) berdiri sebagai kelanjutan terstruktur.
Keluarga itu masih makan bersama — terpisah oleh agama tetapi tidak oleh kebencian.
Kerabat Muslim dan Kristen duduk di satu meja.
Pelayanan kepada komunitas di mana banyak penerima manfaat tetap beragama Islam.
Sekolah.
Dukungan pertanian. Kepedulian terhadap kaum miskin dan yang membutuhkan. Mayoritas bukan Kristen.
Ketahanan membangun jembatan.
Kesucian melindungi kredibilitas.
Konsistensi mendatangkan kepercayaan.
Dampak antargenerasi membutuhkan stabilitas.
Anda tidak membangun warisan melalui intensitas.
Anda membangunnya melalui ketekunan.

Ayat-ayat Suci
Perjanjian Lama
"Satu generasi akan memuji perbuatan-Mu kepada generasi berikutnya."
— Mazmur 145:4

Iman harus ditransmisikan.

Perjanjian Baru

"Segala sesuatu yang telah kamu dengar dari aku… percayakanlah itu kepada orang-orang yang setia, yang akan mampu mengajarkannya kepada orang lain juga."

— 2 Timotius 2:2

Empat generasi dalam satu ayat.

Pelajaran

Ketahananmu bukan hanya untukmu sendiri.

Ini membangun:

- Stabilitas untuk anak-anak Anda.
- Percayalah pada komunitas Anda.
- Kredibilitas di lingkungan yang terpecah belah.
- Platform untuk memengaruhi.

Jika Anda mengalami kemerosotan moral,
generasi berikutnya yang akan menanggung akibatnya.
Jika Anda bertahan dengan setia,
generasi berikutnya akan berdiri lebih kuat.
Kekudusan melestarikan warisan.
Ketahanan memperluas pengaruh.
Hidupmu tidak terisolasi.
Ini masalah generasi.

Pertanyaan Refleksi

1. Apa yang akan diwarisi anak-anakku dari perjalanan hidupku?
2. Model spiritual seperti apa yang sedang saya bangun?
3. Apakah daya tahan saya memperkuat orang lain?
4. Jika saya berhenti hari ini, warisan apa yang akan tersisa?
5. Siapa yang belajar dari konsistensi saya?

Jawablah dengan serius.

Pernyataan

Berdiri dan nyatakan:

"Hidupku akan membangun kekuatan generasi demi generasi.
Aku tidak akan runtuh. Aku akan bertahan dengan setia.
Ketaatanku akan tetap ada setelah aku tiada."
Ulangi dengan tegas.

Doa Terstruktur (45 Menit)
1. Rasa Syukur (10 Menit)
Bersyukurlah kepada Tuhan atas pengaruh-Nya dalam hidup Anda.
2. Visi (15 Menit)
Berdoa untuk stabilitas generasi mendatang.
3. Perlindungan (10 Menit)
Mintalah Tuhan untuk menjaga warisan Anda.
4. Tugas Akhir (10 Menit)
Berkomitmen untuk menyelesaikan dengan baik.

Tutup dengan:
"Ketaatan-Ku akan berlipat ganda."

HARI KE-38

Kesetiaan Tersembunyi dalam Sistem Publik

Pembawa Berita

Setelah menyerah.
Setelah penganiayaan. Setelah bertahan hidup.
Dia tidak mengasingkan diri.
Dia tidak sepenuhnya menarik diri dari ruang-ruang Muslim.
Keluarga tetap terpecah secara agama —
tetapi tidak terputus secara hubungan.
Mereka masih makan bersama.
Ibu pernah bertugas di rumah yang sama sebelum jam kerja penuh.
Saudara laki-laki saya bertobat saat masih bertugas di sana.
Pemuridan terjadi di dalam sistem.
Bahkan hingga hari ini:
Melalui upaya penjangkauan dan yayasan,
mayoritas penerima manfaat yang dilayani adalah Muslim.
Sekolah.
Lahan pertanian. Bantuan untuk kaum miskin.
Layanan tidak bergantung pada konversi.
Kesetiaan berubah.
Kehadiran tetap ada.
Inilah kematangan strategis.

Ayat-ayat Suci

Perjanjian Lama
"Maka terjadilah, ketika Naaman kembali... ia berkata... dalam hal ini semoga TUHAN mengampuni hamba-Mu: ketika tuanku masuk ke bait Rimmon ... dan aku sujud."
— 2 Raja-raja 5:18
Kesetiaan Naaman berubah.
Lingkungannya tidak langsung berubah.
Juga:
"Daud tinggal bersama Akhis, raja Gat."
— 1 Samuel 27:3
Manusia perjanjian.
Wilayah asing.
Perjanjian Baru
"Ada seorang dari golongan Farisi bernama Nikodemus..."
— Yohanes 3:1
Loyalitas tersembunyi.
Pengaturan waktu yang strategis.
Dan:
"Yusuf dari Arimatea... seorang murid Yesus, tetapi secara diam-diam karena takut kepada orang Yahudi."
— Yohanes 19:38
Tersembunyi bukan berarti tidak setia.

Pelajaran
Tidak semua kepatuhan itu bersuara keras.
Tidak semua kesetiaan membutuhkan penarikan segera.
Beberapa tugas memerlukan:

- Kehadiran strategis.
- Kontinuitas relasional.
- Kecerdasan emosional.
- Kesabaran.

Jika setiap orang yang berpindah agama segera meninggalkan lingkungan tersebut,
jembatan akan runtuh.
Kemuridan tersembunyi bukanlah kompromi —
jika kesetiaan telah ditetapkan secara internal.
Bahayanya adalah loyalitas yang terpecah.

Namun, kesetiaan yang teguh dapat terwujud di dalam sistem yang kompleks.
Ini membutuhkan kedewasaan.
Bukan rasa tidak aman.

Pertanyaan Refleksi

1. Apakah saya dipanggil untuk mundur — atau tetap bertahan secara strategis?
2. Apakah kehadiran saya di lingkungan tertentu merupakan suatu kompromi atau penugasan?
3. Apakah saya tahu perbedaan antara rasa takut dan kebijaksanaan?
4. Di mana saya bisa memberikan pengaruh tanpa mengumumkannya?
5. Apakah kesetiaan saya sudah ditentukan secara internal?

Jawablah dengan hati-hati.

Pernyataan

Berdiri dan nyatakan:
"Kesetiaan saya sudah pasti.
Kehadiran saya akan bersifat strategis. Saya tidak akan berkompromi. Saya akan memengaruhi dengan bijak. Saya akan tetap berada di tempat yang membutuhkan penugasan."
Ulangi perlahan.

Doa Terstruktur (45 Menit)

1. Ibadah (10 Menit)

Hormati Tuhan sebagai penguasa di segala lingkungan.

2. Pengambilan Keputusan (15 Menit)

Mintalah kejelasan di mana harus tetap berada dan di mana harus mundur.

3. Integritas (10 Menit)

Berdoa untuk kesetiaan yang teguh di dalam sistem publik.

4. Komisi (10 Menit)

Tawarkan diri Anda untuk penempatan strategis.
Tutup dengan:

"Tempatkan saya dengan bijak."

Poin-Poin Tindakan

1. Identifikasi lingkungan di mana Anda harus menjadi garam dan cahaya.
2. Singkirkan lingkungan apa pun yang menyebabkan kompromi.
3. Perkuat keyakinan internal sebelum pengaruh publik.
4. Pelajarilah Naaman dan Nikodemus dengan saksama.
5. Berdoa memohon hikmat di tengah situasi yang terpecah belah.

Kita sekarang berada di ambang batas.
Hari ke-39 akan mengesahkan perjanjian sepenuhnya.
Hari ke-40 akan dimulai.

HARI KE-39

Perjanjian Kesetiaan

Pembawa Berita

Dia beralih dari keyakinan warisan ke keyakinan yang dipilihnya sendiri.
Dia menghadapi api.
Dia menghadapi tembakan peluru.
Dia menghadapi kekecewaan.
Dia menghadapi godaan untuk kembali.
Dia dihadapkan dengan pernyataan — "Kita sudah keterlaluan."
Dia ditugaskan — "Anda memiliki tugas."
Dia membangun kembali disiplin.
Dia berada di bawah perlindungan.
Dia tetap hadir di ruang-ruang yang terbagi.
Sekarang yang tersisa adalah ini:
Perjanjian.
Bukan emosi.
Tidak berpengalaman.
Perjanjian.
Sepanjang Kitab Suci, ketika manusia berjalan sangat dekat dengan Tuhan, mereka mengesahkan perjanjian.
Joshua menyatakannya.
David melindunginya.
Daniel menjaganya.
Paul menyelesaikan pekerjaannya di bawahnya.
Covenant mengakhiri negosiasi.

Ayat-ayat Suci

Perjanjian Lama

"Kemudian Yosua mengadakan perjanjian dengan bangsa itu pada hari itu..."
— Yosua 24:25

Keputusan tersebut menjadi mengikat.

Juga:

"Karena itu ketahuilah, TUHAN, Allahmu, Dialah Allah, Allah yang setia yang memelihara perjanjian..."
— Ulangan 7:9

Tuhan menghormati perjanjian.

Perjanjian Baru

"Cawan ini adalah perjanjian baru dalam darah-Ku..."
— Lukas 22:20

Kesetiaan dimeteraikan oleh pengorbanan.

Dan:

"Aku telah berjuang dalam perjuangan yang baik, aku telah menyelesaikan perlombaan, aku telah memelihara iman."
— 2 Timotius 4:7

Perjanjian dipertahankan sampai akhir.

Pelajaran

Perjanjian bukanlah antusiasme.

Ini adalah niat yang mengikat.

Ini menjawab empat pertanyaan:

1. Aku milik siapa?
2. Apa yang saya tolak?
3. Apa yang harus saya setujui?
4. Apa yang tidak akan pernah saya negosiasikan ulang?

Tanpa perjanjian, disiplin akan pudar.

Tanpa perjanjian, daya tahan akan melemah.

Tanpa perjanjian, kekudusan bernegosiasi.

Perjanjian menetapkan identitas.

Ini bukan soal performa.

Ini tentang kesetiaan yang teguh.
Anda termasuk salah satu dari berikut ini:
Terkadang berkomitmen
atau terikat secara perjanjian .
Covenant mampu bertahan di tengah badai.

Pernyataan Perjanjian
Anda akan menulis ini dengan kata-kata Anda sendiri.
Namun, berikut kerangka kerjanya:
"Aku sepenuhnya milik Yesus Kristus.
Kesetiaanku eksklusif. Aku menolak kesetiaan yang terbagi. Aku menolak kompromi tersembunyi. Aku menerima tugasku. Aku berkomitmen pada pengabdian yang disiplin. Aku berkomitmen pada kekudusan. Aku berkomitmen pada ketekunan. Aku tidak akan kembali pada pola lama. Aku menyegel perjanjian ini di hadapan Allah."
Tuliskan.
Tandatangani.
Beri tanggal.
Simpanlah.

Pertanyaan Refleksi

1. Apakah iman saya berdasarkan perjanjian atau emosi?
2. Apa yang belum saya definisikan dalam komitmen saya?
3. Wilayah mana yang masih bernegosiasi di bawah tekanan?
4. Apakah saya memahami bahwa perjanjian mengandung pertanggungjawaban?
5. Jika diuji secara publik, akankah perjanjian ini tetap berlaku?

Jawablah dengan tenang.

Doa Terstruktur (60 Menit Hari Ini)
1. Ibadah (15 Menit)
Hormati Tuhan sebagai pribadi yang menepati perjanjian.

2. Pemeriksaan (15 Menit)
Mintalah kejelasan dalam setiap aspek kehidupan.
3. Pernyataan (15 Menit)
Bacalah perjanjian Anda dengan lantang dan perlahan.
4. Pengesahan (15 Menit)
Mintalah Roh Kudus untuk memperkuat tekad.
Tutup dengan:
"Perjanjian-Ku tetap teguh."

Poin-Poin Tindakan

1. Tulis dan tandatangani perjanjian Anda hari ini.
2. Singkirkan satu kompromi itu segera.
3. Bagikan perjanjianmu dengan satu orang percaya yang terpercaya.
4. Tetapkan peninjauan bulanan atas perjanjian ini.
5. Bacalah Yosua 24 dan Lukas 22 perlahan-lahan.

Kita sekarang berada di ambang batas terakhir.
Hari ke-40 bukanlah hari refleksi.
Ini akan menjadi proses pengoperasian.
Ini akan mengumpulkan:

- Api
- Kelestarian
- Penugasan
- Disiplin
- Ketahanan
- Kekudusan
- Perjanjian

Dan melepaskanmu ke depan.

HARI KE-40

Ditugaskan di Tengah Serangan

Kerangka Cerita

Seorang ayah mengangkat pedang.
Seorang ibu berdoa di dalam rumah yang sama.
Seorang saudara diserang dan berhasil diselamatkan.
Seorang putra melihat api dari langit menyambar mentornya.
Dia melihat neraka.
Dia melihat surga — kota yang indah.
Dia selamat dari tembakan peluru.
Logam menghantam kepalanya.
Darah mengalir.
Dia dianggap telah meninggal.
Dia selamat.
Para pengawal menjaganya.
Presiden mengatur evakuasi medis.
Dia diperiksa — tidak ada kerusakan.
Dia hampir kembali.
Dia dihadapkan dengan pernyataan — "Kita sudah keterlaluan."
Dia ditugaskan — "Anda memiliki tugas."
Dia membangun disiplin.
Dia menolak kemunafikan.
Dia bertahan.
Dia tetap suci.
Dia mengesahkan perjanjian itu.
Sekarang yang tersisa adalah ini:
Anda.

Ayat-ayat Suci
Perjanjian Lama
"Ini aku. Utuslah aku."
— Yesaya 6:8
Pertemuan harus mengarah pada pengiriman.
Perjanjian Baru
"Seperti Bapa telah mengutus Aku, demikian juga Aku mengutus kamu."
— Yohanes 20:21
Pelestarian menjadi sebuah misi.

Pelajaran Terakhir
Perjalanan 40 hari ini bukanlah tentang kekaguman.
Ini tentang transformasi.
Bukan tentang bercerita.
Tapi soal keselarasan.
Kebakaran itu nyata.
Penganiayaan itu nyata.
Godaan itu nyata.
Pelestarian itu nyata.
Namun kenyataan yang lebih besar adalah ini:
Tuhan menggerakkan langit dan bumi untuk satu kehidupan yang sepenuhnya menyerahkan diri.
Jika Anda telah menjalani 40 hari ini dengan penuh kesadaran:
Kamu sudah tidak sama lagi.
Sekarang Anda mengerti:

- Kesetiaan adalah hal yang serius.
- Kesucian melindungi.
- Disiplin memberikan keberlangsungan.
- Daya tahan itu penting.
- Meterai perjanjian.
- Tugas ini menuntut tindakan.

Anda tidak bisa menyelesaikan perjalanan ini dan tetap bersikap santai.
Komisi tidak bersifat opsional.

Itulah konsekuensi alami dari penyerahan diri.

Pernyataan Komisi

Berdiri.

Ucapkan ini perlahan:

"Aku ditugaskan di tengah bahaya.

Aku akan hidup disiplin. Aku akan berjalan dalam kekudusan. Aku akan bertahan dengan setia. Aku akan menjunjung tinggi panji. Aku akan memengaruhi secara strategis. Aku tidak akan kembali. Kesetiaanku telah dimeteraikan. Tugasku sedang aktif. Kirim aku."

Berhenti sebentar.

Ulangi lagi.

Refleksi Sebelum Rilis

1. Apa yang telah berubah dalam diriku selama 40 hari ini?
2. Disiplin apa yang harus tetap tidak dapat ditawar?
3. Tugas apa yang harus saya kerjakan segera?
4. Lingkungan seperti apa yang harus saya pengaruhi?
5. Jika penganiayaan kembali terjadi, akankah aku bertahan?

Tuliskan jawaban Anda.

Doa Terstruktur Penutup (60 Menit)

1. Ibadah (15 Menit)

Hormatilah Kristus sebagai Tuhan dalam hidupmu.

2. Rasa Syukur (10 Menit)

Bersyukurlah kepada-Nya atas perlindungan-Nya.

3. Persembahan Diri (15 Menit)

Persembahkan tubuh, waktu, dan sumber daya Anda.

4. Doa Syafaat (10 Menit)

Berdoalah agar satu orang mengalami perjumpaan dengan Kristus.

5. Komisi (10 Menit)
Terima tugas Anda secara lisan.
Tutup dengan:
"Aku akan terus maju."

Langkah-Langkah Tindakan Akhir

1. Pertahankan struktur harian selama 60 menit.
2. Tinjau perjanjian Anda setiap bulan.
3. Jagalah kesucian.
4. Bangun yang lain.
5. Tetaplah bertanggung jawab.
6. Sampah yang hanyut.
7. Selesaikan dengan baik.

Biaya Penutupan
Anda tidak membutuhkan api dari surga.
Anda tidak memerlukan peluru untuk membuktikan panggilan tersebut.
Anda tidak memerlukan pendamping untuk memvalidasi penugasan.
Anda membutuhkan:
Kesetiaan yang teguh.
Disiplin yang terstruktur. Kekudusan yang berkelanjutan.
Ketahanan yang tak tergoyahkan.
Surga bersukacita atas satu orang.
Jadilah orang itu.
Teruskan saja.

HALAMAN PENUTUP

Pesan Terakhir untuk Pembaca

Kamu telah melewati api.
Anda telah melihat:
Kemarahan seorang ayah.
Permohonan diam-diam seorang ibu. Seorang saudara yang hampir celaka. Seorang mentor yang diliputi oleh campur tangan surgawi. Sebuah penglihatan tentang neraka. Sekilas tentang kota emas surga. Peluru. Darah. Perlindungan. Pengawal. Penugasan. Disiplin. Kekudusan. Perjanjian.
Namun buku ini tidak pernah tentang satu orang saja.
Ini tentang kesetiaan.
Ini tentang apa yang terjadi ketika kebenaran mengganggu tradisi.
Ini tentang apa yang tersisa setelah api berkobar.
Ini tentang apa yang tersisa ketika bisikan mundur mereda.
Jika Anda sudah sampai sejauh ini, Anda bukan lagi seorang penonton.
Anda bertanggung jawab atas apa yang Anda ketahui sekarang.
Surga tergerak untuk satu orang.
Jadilah orang itu.
Jangan mengagumi keberanian.
Bangunlah.
Jangan mempelajari disiplin.
Latihlah.
Jangan merayakan kesucian.
Kejar itu.
Jangan membahas perjanjian.
Segel.
Anda tidak dipanggil untuk hidup dengan santai.
Anda dipanggil untuk hidup secara sadar.

Teruskan saja.

AJAKAN UNTUK BERTINDAK

Kemitraan untuk Panen

Saat Anda menutup buku ini, kami mengajak Anda untuk melanjutkan perjalanan selangkah lebih jauh—tidak hanya dalam hidup Anda sendiri, tetapi juga dalam kehidupan banyak jiwa di seluruh dunia.

Jika pesan-pesan dari God's Eagle Ministries (GEM) telah menguatkan, membangkitkan, atau menyelaraskan kembali hati Anda, kami dengan rendah hati meminta Anda untuk mempertimbangkan dengan penuh doa untuk **bermitra dengan kami demi panen jiwa** . Dunia haus akan kebenaran, harapan, dan suara Roh Kudus yang lembut namun tak salah lagi, dan bersama-sama kita dapat menyampaikan pesan-pesan ini di tempat yang paling membutuhkannya.

Kami percaya media lebih dari sekadar teknologi—media adalah **jaring spiritual** yang ditebar jauh ke dalam bangsa, desa, kota, dan tempat-tempat tersembunyi. Melalui film, video, radio, dan pelayanan digital, GEM menjangkau orang-orang yang mungkin tidak pernah masuk gereja, tetapi hati mereka terbuka lebar untuk bertemu dengan Kristus yang hidup.

Kemitraan Anda membantu kami:

1. Menghasilkan Konten Film & Video yang Dipenuhi Roh Kudus

Kisah dan ajaran yang menyembuhkan, menginspirasi, dan mengungkapkan kasih Yesus dengan cara yang jelas, mudah dipahami, dan mengubah hidup.

2. Siarkan Injil melalui Radio

Menyampaikan Firman Tuhan ke penjara, rumah sakit, komunitas pedesaan, dan tempat-tempat yang jauh dari jangkauan internet—di mana harapan langka dan kebenaran sangat berharga.

3. Memperluas Kampanye Pengajaran & Pemuridan Kita Melalui Media Sosial
Renungan harian, doa, dan pengajaran yang memperkuat orang percaya, memulihkan keluarga, dan memperlengkapi murid-murid di seluruh dunia.

Mengapa Dukungan Anda Penting

Setiap pesan yang disampaikan menjadi benih terang. Setiap pengajaran menjadi riak transformasi. Setiap tindakan kemurahan hati menjadi bagian dari panen global Tuhan. Pemberian Anda membantu pelayanan ini menjangkau jiwa-jiwa yang mungkin tidak pernah kita temui di bumi, tetapi pasti akan kita temui di kekekalan. Tidak ada jumlah tetap—berikanlah hanya sesuai dengan tuntunan Tuhan. Setiap pemberian, besar atau kecil, berperan dalam memajukan Kerajaan Allah.

Untuk Bermitra atau Memberi Sumbangan:
PayPal:
https://www.paypal.com/ncp/payment/D6NEFW56KG8LU
Tithe.ly:
https://tithe.ly/give?c=308311

Flutterwave –
https://flutterwave.com/donate/bbkpkokehxlw

Semua Jalur Pemberian Donasi:
https://www.otakada.org/partnership-giving

Terima kasih atas dukungan Anda.
Terima kasih telah menabur benih dalam panen. Terima kasih telah membantu kami menyampaikan pesan Kristus kepada bangsa-bangsa.
Semoga Tuhan memberkati Anda dengan limpah, melimpahkan berkat kepada Anda dengan berlimpah-limpah, dan melipatgandakan setiap benih yang Anda tabur untuk kemuliaan-Nya.
Dalam nama Yesus yang perkasa, Amin.

—Duta Besar Senin O. Ogbe , Zacharias Godseagle ; Kenyamanan Ladi Ogbe
Pendiri, God's Eagle Ministries (GEM)
www.otakada.org

Bagaimana Dilahirkan Kembali dan Memulai Hidup Baru Bersama Kristus

Mungkin Anda pernah berjalan bersama Yesus sebelumnya, atau mungkin Anda baru saja bertemu dengan-Nya melalui 40 hari ini. Tetapi saat ini, sesuatu di dalam diri Anda sedang bergejolak.

Kamu siap untuk lebih dari sekadar agama.

Kamu siap untuk **menjalin hubungan** .

Kamu siap untuk berkata, "Yesus, aku membutuhkan-Mu."

Inilah kebenarannya:

"Karena semua orang telah berdosa; kita semua tidak mencapai standar kemuliaan Allah… namun Allah, dalam kasih karunia-Nya, dengan cuma-cuma mendamaikan kita di hadapan-Nya."

— Roma 3:23-24 (NLT)

Anda tidak bisa mendapatkan keselamatan.

Anda tidak bisa memperbaiki diri sendiri. Tetapi Yesus telah membayar harga yang sepenuhnya — dan Dia menunggu untuk menyambut Anda pulang.

Bagaimana Cara Terlahir Kembali

Dilahirkan kembali berarti menyerahkan hidup Anda kepada Yesus — menerima pengampunan-Nya, percaya bahwa Dia telah mati dan bangkit kembali, serta menerima Dia sebagai Tuhan dan Juruselamat Anda.

Ini sederhana. Ini ampuh. Ini mengubah segalanya.

Ucapkan Doa Ini dengan Lantang:

"Tuhan Yesus, aku percaya Engkau adalah Putra Allah. Aku percaya Engkau mati untuk dosa-dosaku dan bangkit kembali. Aku mengaku telah berdosa dan membutuhkan pengampunan-Mu. Hari ini, aku bertobat dan meninggalkan jalan lamaku. Aku mengundang Engkau masuk ke dalam hidupku untuk menjadi Tuhan dan Juruselamatku. Sucikan aku. Penuhi

aku dengan Roh-Mu. Aku menyatakan bahwa aku dilahirkan kembali, diampuni, dan bebas. Mulai hari ini dan seterusnya, aku akan mengikuti-Mu—dan aku akan hidup di jalan-Mu. Terima kasih karena telah menyelamatkanku. Dalam nama Yesus, amin."

Langkah Selanjutnya Setelah Keselamatan

1. **Beritahu Seseorang** – Bagikan keputusan Anda dengan seseorang yang Anda percayai dan memiliki keyakinan yang sama.
2. **Temukan Gereja Berbasis Alkitab** – Bergabunglah dengan komunitas yang mengajarkan Firman Tuhan dan menghidupinya. Kunjungi pelayanan God's Eagle secara online melalui https://www.otakada.org atau https://chat.whatsapp.com/H67spSun32DDTma8TLh0ov
3. **Dapatkan Baptisan** – Ambil langkah selanjutnya secara terbuka untuk menyatakan iman Anda.
4. **Bacalah Alkitab Setiap Hari** – Mulailah dengan Injil Yohanes.
5. **Berdoalah Setiap Hari** – Berbicaralah kepada Tuhan sebagai seorang sahabat dan Bapa.
6. **Tetap Terhubung** – Kelilingi diri Anda dengan orang-orang yang mendukung langkah baru Anda.
7. **Mulailah proses pemuridan di dalam komunitas** – Kembangkan hubungan pribadi dengan Yesus Kristus melalui tautan-tautan ini.

Pelatihan Murid 40 Hari 1 - https://www.otakada.org/get-free-40-days-online-discipleship-course-in-a-journey-with-jesus/

40 Murid 2 - https://www.otakada.org/get-free-40-days-dna-of-discipleship-journey-with-jesus-series-2/

Momen Keselamatanku
Tanggal : ______________________

Tanda tangan : ___________________
"Barangsiapa berada di dalam Kristus, ia adalah ciptaan baru; yang lama telah berlalu, yang baru telah datang!"
— 2 Korintus 5:17

Sertifikat Kehidupan Baru di dalam Kristus

Pernyataan Keselamatan – Lahir Kembali oleh Anugerah
Ini menyatakan bahwa

____

(Nama Lengkap)
telah menyatakan **imannya secara terbuka kepada Yesus Kristus**
sebagai Tuhan dan Juruselamat dan telah menerima karunia keselamatan cuma-cuma melalui kematian dan kebangkitan-Nya.
"Jika kamu mengaku secara terang-terangan bahwa Yesus adalah Tuhan dan percaya dalam hatimu bahwa Allah telah membangkitkan Dia dari antara orang mati, maka kamu akan diselamatkan."
— Roma 10:9 (NLT)
Pada hari ini, surga bersukacita dan sebuah perjalanan baru dimulai.
Tanggal Keputusan : ______________________

Tanda tangan : ____________________________

Pernyataan Keselamatan
"Hari ini, aku menyerahkan hidupku kepada Yesus Kristus. Aku percaya Dia mati untuk dosa-dosaku dan bangkit kembali. Aku menerima Dia sebagai Tuhan dan Juruselamatku. Aku diampuni, dilahirkan kembali, dan dijadikan baru. Mulai saat ini, aku akan berjalan mengikuti jejak-Nya."
Selamat datang di Keluarga Allah!
Namamu tertulis dalam Kitab Kehidupan Anak Domba.
Kisahmu baru saja dimulai — dan itu abadi.

TERHUBUNG DENGAN PELAYANAN ELANG TUHAN

- Situs web: www.otakada.org
- Seri Kekayaan Melampaui Kekhawatiran: www.wealthbeyondworryseries.com
- Email: ambassador@otakada.org

- **Dukung karya ini:**

Dukung proyek-proyek kerajaan, misi-misi, dan sumber daya global gratis melalui pemberian yang dipimpin oleh perjanjian.

Pindai Kode QR untuk Memberi

https://tithe.ly/give?c=308311

Kemurahan hati Anda membantu kami menjangkau lebih banyak jiwa, menerjemahkan sumber daya, mendukung misionaris, dan membangun sistem pemuridan di seluruh dunia. Terima kasih!

Biografi Penulis

Tentang Penulis - Nabi Dr. Isa El-Buba Sadiq

Nabi Dr. Isa El- Buba Sadiq adalah pendiri dan pemimpin Evangelical Biblical Outreach Ministries International (EBOMI), yang berkantor pusat di Jos, Plateau State, Nigeria. Setelah sebelumnya menjalani pelatihan mendalam dalam formasi Islam militan, hidupnya berubah secara radikal setelah mengalami pengalaman ilahi yang mengarahkan kembali kesetiaan dan misinya.

Saat ini, melalui EBOMI (www.ebomi.org), ia memobilisasi dan memperlengkapi orang percaya untuk berjalan dalam pengabdian yang disiplin, kekudusan, dan tanggung jawab kenabian sebagai penjaga di generasi mereka.

Dampak pelayanan ini meluas melampaui tembok gereja. Melalui inisiatif penjangkauan, program pendidikan, pemberdayaan pertanian, dan kepedulian terhadap kaum miskin dan kurang mampu — yang sebagian besar masih beragama Islam — pekerjaan ini mencerminkan pelayanan yang berakar pada keyakinan tanpa permusuhan.

Terlepas dari penganiayaan, upaya pembunuhan, dan ancaman, ia terus meningkatkan standar spiritual sambil membangun jembatan di antara komunitas yang terpecah — termasuk di dalam keluarga besarnya sendiri.

Ia tetap berkomitmen untuk memulihkan situs-situs bersejarah kuno, memperkuat para penjaga, dan menyeru umat beriman kepada kekristenan yang disiplin di zaman yang penuh kompromi ini.

Bagi Mereka yang Ingin Terlibat

Evangelical Biblical Outreach Ministries International (EBOMI)

: No. 1 Jalan Kashim Ibrahim, Jos, Negara Bagian Plateau,

Nigeria
Email: ebomiglobal@gmail.com Telepon: 08082538837
Rincian dan saluran partisipasi tersedia untuk umum melalui situs web resmi kementerian.
Komisi tersebut secara terbuka memperkenalkan diri sebagai: "Sebuah pelayanan yang radikal, profetik, dan berwibawa yang berkomitmen untuk menyebarkan Injil dan mengubah kehidupan."

Zacharias Godseagle

Penulis • Guru • Pemimpin Visioner
Zacharias Godseagle adalah seorang pengajar Firman yang penuh semangat dan suara yang bijaksana bagi Tubuh Kristus. Dengan karunia unik berupa wawasan spiritual, Zacharias melayani dengan kejelasan, kedalaman nubuat, dan keinginan yang membara untuk melihat orang percaya berjalan dalam kemurnian, kesalehan, dan penyerahan diri yang autentik kepada Kristus.
Sebagai rekan kerja dalam pelayanan God's Eagle Ministries (GEM), ia memainkan peran penting dalam membentuk konten pemuridan, pencerahan alkitabiah, dan penjangkauan berbasis media yang menyentuh kehidupan di berbagai ranah digital dan fisik. Tulisan-tulisannya berfokus pada transformasi batin, ketaatan, dan pemulihan Kristus ke takhta hati orang percaya.
Zacharias didorong oleh keyakinan sederhana: **ketika hati selaras, takdir pun selaras.**
Ia terus menjangkau khalayak di seluruh dunia melalui pengajaran, bimbingan, dan proyek-proyek kreatif yang dipenuhi Roh Kudus.

Duta Besar Monday O. Ogbe

Penulis • Komunikator Misionaris • Pendiri, God's Eagle Ministries (GEM)

Duta Besar Monday Oreojo Ogwuojo Ogbe adalah pendiri **God's Eagle Ministries (GEM)** —sebuah misi global dengan mandat untuk "menghubungkan orang kepada Tuhan melalui Firman-Nya." Dikenal karena hasratnya yang kuat akan kebenaran, penceritaan yang menyentuh hati, dan pengajaran profetik, ia melayani di berbagai negara melalui tulisan, podcasting, pembuatan film, penginjilan digital, dan pemuridan.

Dengan latar belakang kepemimpinan, media, dan misi, Duta Besar Monday membawa karunia lintas budaya yang bergema dari Afrika hingga Asia, Amerika, Eropa, dan Timur Tengah. Ajarannya membahas pertempuran tersembunyi dalam hati orang percaya—keserakahan, pergumulan identitas, kepuasan diri rohani, dan erosi halus keintiman dengan Tuhan.

Ia adalah penulis berbagai renungan, seri buku, dan pengajaran multimedia yang menjangkau jutaan orang melalui otakada.org dan platform digital GEM.

Pesan hidupnya sederhana namun mendalam:

"Ketika Kristus berada di pusat, segala sesuatu yang lain akan menempati tempatnya yang semestinya."

Comfort Ladi Ogbe

Penulis • Pendoa Syafaat • Rekan Sekerja dalam Pelayanan

Comfort Ladi Ogbe adalah seorang penulis, pendoa syafaat, dan rekan kerja dalam penugasan Kerajaan Allah di God's Eagle Ministries. Dikaruniai belas kasih, kebijaksanaan, dan semangat yang penuh perhatian, ia membawa kedalaman emosional dan landasan spiritual pada setiap proyek yang ia kerjakan.

Kontribusinya—seringkali di balik layar—membawa aroma kerendahan hati, kebijaksanaan, dan penyembuhan. Comfort melayani melalui konseling, doa, pemuridan, dan kolaborasi kreatif, terutama dalam karya-karya yang menekankan pemulihan keluarga, kedewasaan spiritual, dan transformasi hati.

Sebagai seorang penulis, ia menulis berdasarkan pengalaman hidup dan keyakinan spiritual, menawarkan kepada pembaca kejelasan, kenyamanan, dan dorongan untuk mengejar kesempurnaan di dalam Kristus.

Comfort berkomitmen untuk membantu orang percaya mengalami Tuhan bukan hanya dalam pengetahuan, tetapi dalam kehidupan sehari-hari—di mana hati belajar untuk percaya, menyerah, dan berkembang.

Halaman Penulis:
https://www.amazon.com/stores/Zacharias-Godseagle/author/B0FCZ89D4K

LAMPIRAN

Lampiran A

Model Doa Strategis 60 Menit

Model ini harus dipraktikkan setiap hari — bukan sesekali.

30 Menit — Ibadah

Fokuslah hanya pada siapa Tuhan itu:

- Yang Mulia
- Kedaulatannya
- Rahmat-Nya
- Keadilan-Nya

- Kewenangannya
- Kesetiaan-Nya

Tidak ada permintaan.
Tidak ada petisi. Hanya rasa hormat.

10 Menit — Nyatakan Kedaulatan-Nya

Nyatakan secara lisan:

- Tuhan mengatur hidupku.
- Tuhan mengatur keluarga saya.
- Tuhan mengatur panggilan hidupku.
- Tuhan mengatur lingkungan saya.
- Tuhan menguasai bangsaku.

Kewenangan diperkuat melalui deklarasi.

10 Menit — Pertobatan

Meneliti:

- Sikap
- Pidato
- Motif
- Kompromi tersembunyi
- Kemalasan spiritual

Akui secara spesifik.

10 Menit — Dekrit yang Selaras dengan Kerajaan

Nyatakan keselarasan berdasarkan Kitab Suci:

- Aku hidup dalam kekudusan.
- Saya hidup dengan disiplin.
- Aku bertahan dengan setia.
- Saya menyelesaikan tugas.
- Saya menolak mundur.

Jangan menetapkan ambisi yang egois.
Selaraskan dengan Kitab Suci.

Lampiran B

Panduan Reset Disiplin 7 Hari

Selama tujuh hari berturut-turut:

1. Satu jam penuh doa terstruktur tanpa gangguan setiap hari.
2. Bacalah satu Injil secara keseluruhan.
3. Audit integritas harian.
4. Tidak ada gosip, keluhan, atau berlebihan.
5. Setidaknya satu kali puasa yang disengaja.
6. Pengurangan noise digital.
7. Pengecekan akuntabilitas harian.

Sensitivitas dapat dipulihkan dalam tujuh hari.

Lampiran C

Templat Perjanjian Kesetiaan Pribadi

Tulis ini dengan tulisan tangan Anda sendiri.

PERJANJIAN SETIA PRIBADI

Saya, ______________________________,
menyatakan kesetiaan penuh dan eksklusif saya kepada Yesus Kristus.
Aku menolak kesetiaan yang terpecah.
Aku menolak kompromi tersembunyi. Aku berkomitmen pada kekudusan dalam kehidupan pribadi dan publik. Aku berkomitmen pada doa yang disiplin. Aku berkomitmen pada kesetiaan yang teguh. Aku menerima tugas ilahi-ku. Aku menolak pengunduran diri.
Aku mengikat perjanjian ini di hadapan Tuhan.
Tanda tangan: __________________________
Tanggal: ___________________________

BERKAT PASTORAL TERAKHIR

Semoga kesetiaanmu tak tergoyahkan.
Semoga kedisiplinanmu konsisten. Semoga kesucianmu melindungi masa depanmu. Semoga daya tahanmu melampaui intensitas. Semoga tugasmu terpenuhi. Semoga tak ada peluru, pengkhianatan, kekecewaan, kemunafikan, dan bisikan untuk kembali yang menarikmu kembali.
Semoga Anda dapat menyelesaikan perlombaan Anda.
Semoga surga bersukacita atasmu.
Teruskan saja.

BUKU & SUMBER DAYA YANG DIREKOMENDASIKAN

CS Lewis (1898-1963) - Kekristenan Sederhana, Dihayati Sepenuhnya: Dari Pikiran yang Enggan Menuju Kehidupan yang Transformed (Surat-surat Hidup - Seri Renungan 40 Hari | Buku 2)

Ebook

https://www.amazon.com/Lewis-1898-1963-Mere-Christianity-Fully-ebook/dp/B0GKQ27F9N

Buku bersampul tipis
https://www.amazon.com/Lewis-1898-1963-Mere-Christianity-Fully/dp/B0GM8YMXC3

Sampul keras

https://www.amazon.com/Lewis-1898-1963-Mere-Christianity-Fully/dp/B0GM8WHXJL

Santo Agustinus dari Hippo (354–430 M)
Dari Hati yang Gelisah Menuju Kehidupan Tertulis - Surat-surat Kehidupan – Seri Renungan 40 Hari - 1

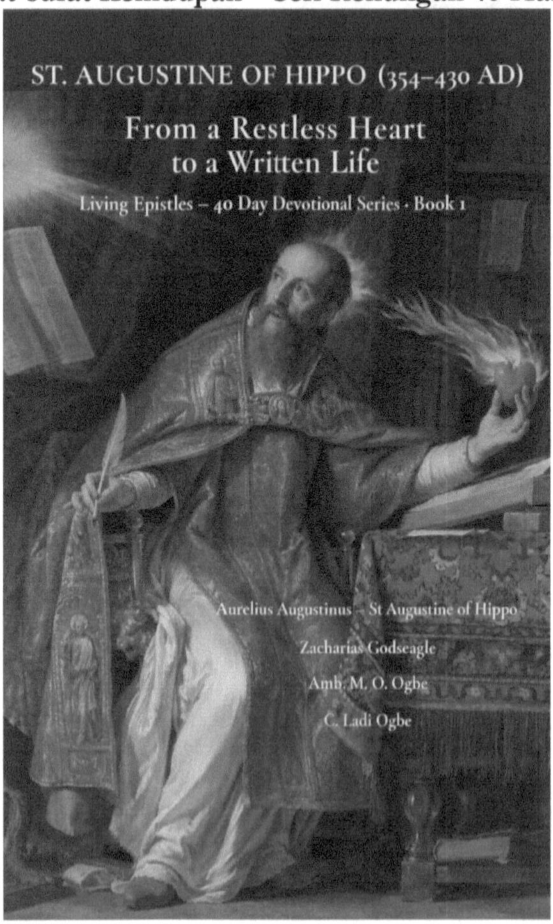

Tautan Ebook Amazon -
https://www.amazon.com/ST-AUGUSTINE-HIPPO-354-430-Devotional-ebook/dp/B0GJN8N9XS

Tautan pemesanan buku paperback di Amazon -
https://www.amazon.com/St-Augustine-Hippo-354-430-Devotional/dp/B0GJWTVLR6

Ingramspark -
https://shop.ingramspark.com/b/084?params=BZOOW3dj93aGEtBL2Fv1VY8wV1OQvA10dtZRDgk7Z9Z

PINDAI SAYA

PEMBARUAN 7
Sembuhkan Jantung Rumah Anda dalam 7 Hari
Seri Pembaruan – Edisi Persatuan Keluarga

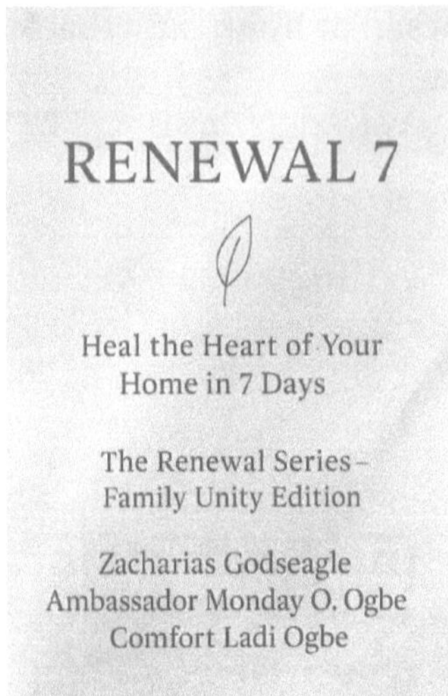

Tautan ke Buku Paperback -
https://shop.ingramspark.com/b/084?params=htyfL002e1JzyEpZWkKtaXWF5FJ1jZFOjgiQKEfcbnw

Tautan ke Halaman Amazon Versi Cetak -
https://www.amazon.com/RENEWAL-Heal-Heart-Your-Renewal/dp/B0GD92153W

Tautan ke Ebook Amazon –

https://www.amazon.com/RENEWAL-Heal-Heart-Your-Renewal-ebook/dp/B0G91BMFND

PINDAI SAYA –

Pembaruan 7: Sembuhkan Jantung Rumah Anda dalam
7 Hari
Seri Pembaharuan — Edisi Persatuan Keluarga

Tautan ke Buku Cetak -
https://shop.ingramspark.com/b/084?params=nSEELv9oUsItOu5akVZlg4ycGbbmvlBOtSiqeOZr5yQ

Tautan ke buku fisik di Amazon -
https://www.amazon.com/RENEWAL-MARRIAGE-Heart-Marriage-Renewal/dp/B0GDC1YZJ7

Tautan ke Ebook Amazon -
https://www.amazon.com/RENEWAL-MARRIAGE-Heart-Marriage-Renewal-ebook/dp/B0G6JXJWJL

Takhta hati – 12 pertempuran yang harus kita menangkan

Ebook Amazon -
https://www.amazon.com/THRONE-HEART-COVETOUSNESS-Counterfeit-CONTENTMENT-ebook/dp/B0G4SPFRY7

Buku saku Amazon -
https://www.amazon.com/THRONE-HEART-COVETOUSNESS-Counterfeit-CONTENTMENT/dp/B0G4TKW1ND

Buku bersampul tipis dari Ingramspark -
https://shop.ingramspark.com/b/084?params=a75LJXtvvI63VnzeQPleQTkAJWfu8CPQV6l5Oe31D80

4 Khotbah dalam 1 oleh Zacharias Godseagle dengan tautan Audio –

Ebook Amazon - https://www.amazon.com/Sermons-Zacharias-Godseagle-Audio-links-ebook/dp/B0G4XCH4TW

Buku saku Amazon - https://www.amazon.com/Sermons-Zacharias-Godseagle-Audio-links/dp/B0G4TK4XGT

Link Ingram Spark untuk buku bersampul tipis - https://shop.ingramspark.com/b/084?params=nK2JERskkbhdAOSNseTUNRhaCFqUPZuhB4uYfqrXvGb

KODE ZIARAH: Kebangkitan AI

Ebook - https://www.amazon.com/Logos-Protocol-Awakening-artificial-intelligence-ebook/dp/B0FXNQFSWZ

Buku saku - https://www.amazon.com/Logos-Protocol-Awakening-artificial-intelligence/dp/B0FXNGR66D

Buku sampul keras - https://www.amazon.com/Logos-Protocol-Awakening-artificial-intelligence/dp/B0FZNTQR6Y

Buku saku Ingramspark - https://shop.ingramspark.com/b/084?params=QkK4aNYTYO9U5z9uOkdHgc7Ue1eGDLqbb1tz9WRPaSk

Mengapa Pembebasan Gagal - dan Bagaimana Api Allah Memulihkan Jiwa: 40 Pernyataan Harian untuk Pembebasan Menyeluruh

Ebook - https://www.amazon.com/Why-Deliverance-Fails-Declarations-All-Round-ebook/dp/B0FW74L4G4

Buku saku - https://www.amazon.com/Why-Deliverance-Fails-Declarations-All-Round/dp/B0FWB3LXRM

Diselamatkan tetapi Tersesat – Mualaf yang Tidak Didisiplinkan – diterjemahkan ke dalam 25 bahasa

Buku bersampul tipis
https://shop.ingramspark.com/b/084?params=iYNB6S3PLMfREpm0jMM15bMe3BvWlkjcYyLYnHVGAds
Ebook - https://www.amazon.com/SAVED-BUT-LOST-UNDISCIPLED-heartbreak-ebook/dp/B0FVJ29DF7

7 HARI PEPERANGAN ROHANI & PEMULIHAN - ini Bagian 1

Mengikat Musuh, Membalas Panah Tujuh Kali Lipat, dan Memulihkan Takdirmu

https://shop.ingramspark.com/b/084?params=8mPzqUl73Ex7uPyeO7ydyt8EGkkB6u2gX1jZvWU8j1C

Tautan e-book - https://www.amazon.com/DAYS-SPIRITUAL-WARFARE-RECOVERY-Returning-ebook/dp/B0FMPJM5KZ

7 HARI PEPERANGAN ROHANI & PEMULIHAN - Bagian 2 - Mengukuhkan Kemenangan,

Menghancurkan Kejahatan Rumah Tangga, dan Memelihara Takdir Anda yang Dipulihkan

Buku bersampul tipis - https://shop.ingramspark.com/b/084?params=LkpNmGSsApHhWhiSO7bW3wFmcXQKIO4ZEBeSbP5rL1S

Ebook - https://www.amazon.com/DAYS-SPIRITUAL-WARFARE-RECOVERY-Wickedness-ebook/dp/B0FR9YCMY8

DARI KEGELAPAN MENUJU KEKUASAAN: 40 Hari untuk Membebaskan Diri dari Cengkeraman Kegelapan yang Tersembunyi

–

Renungan Global tentang Kesadaran, Pembebasan & Kekuatan - Untuk Individu, Keluarga, dan Bangsa yang Siap Merdeka

Buku bersampul tipis
https://shop.ingramspark.com/b/084?params=aVgp21QfwJxNANkfMxIQ0yejuFCVY12KFr978SRkZUD
Tautan Amazon -
https://www.amazon.com/DARKNESS-DOMINION-Devotional-Awareness-Deliverance-ebook/dp/B0FLDH2Y67

- *Terbebas dari Kuasa Kegelapan* **(Buku Saku)** — Beli di Sini | Ebook di Amazon

  - **Ulasan Teratas dari Amerika Serikat:**
    - **Pelanggan Kindle** : "Bacaan Kristen terbaik yang pernah ada!" (5 bintang)

Puji Yesus atas kesaksian ini. Saya sangat diberkati dan akan merekomendasikan setiap orang untuk membaca buku ini... Karena upah dosa adalah kematian, tetapi karunia Allah adalah hidup kekal. Shalom! Shalom!

- **Da Gster** : "Ini adalah buku yang sangat menarik dan agak aneh." (5 bintang)

Jika apa yang tertulis dalam buku itu benar, maka kita benar-benar jauh tertinggal dari apa yang mampu dilakukan musuh! ... Wajib dibaca bagi siapa pun yang ingin belajar tentang peperangan rohani.

- **Visa** : "Suka sekali buku ini" (5 bintang)

Ini sungguh mengejutkan... sebuah pengakuan jujur... Belakangan ini saya mencarinya di mana-mana untuk membelinya. Senang sekali bisa mendapatkannya dari Amazon.

- **FrankJM** : "Sangat berbeda" (4 bintang)

Buku ini mengingatkan saya betapa nyatanya peperangan rohani. Buku ini juga mengingatkan saya akan alasan mengapa kita harus mengenakan "Seluruh Perlengkapan Senjata Allah."

- **JenJen** : "Siapa pun yang ingin masuk Surga, bacalah ini!" (5 bintang)

Buku ini sangat mengubah hidup saya. Bersama dengan kesaksian John Ramirez, buku ini akan membuat Anda melihat iman Anda dengan cara yang berbeda. Saya sudah membacanya 6 kali!

- *Mantan Pemuja Setan: The James Exchange* (Buku Saku) — Beli di Sini | Ebook di Amazon

- ***KESAKSIAN SEORANG MANTAN PEMUJA SETAN DARI AFRIKA*** - *Pastor JONAS LUKUNTU MPALA* (Buku Saku) — Beli di Sini | Ebook di Amazon

- *Greater Exploits 14* (Buku Saku) — Beli di Sini | Ebook di Amazon

- *Out of the Devil's Cauldron* karya John Ramirez — Tersedia di Amazon
- *Dia Datang untuk Membebaskan Para Tawanan* karya Rebecca Brown — Temukan di Amazon

Buku-buku lain yang diterbitkan oleh penulis – Lebih dari 1000 judul

Dikasihi, Dipilih, dan Utuh : Perjalanan 30 Hari dari Penolakan menuju **Pemulihan** , diterjemahkan ke dalam 40 bahasa di dunia.

https://www.amazon.com/Loved-Chosen-Whole-Rejection-Restoration-ebook/dp/B0F9VSD8WL

https://shop.ingramspark.com/b/084?params=xga0WR16muFUwCoeMUBHQ6HwYjddLGpugQHb3DVa5hE

Mengikuti Jejak-Nya — Tantangan WWJD 40 Hari: Hidup Seperti Yesus dalam Kisah Nyata di Seluruh Dunia

https://www.amazon.com/His-Steps-Challenge-Real-Life-Stories-ebook/dp/B0FCYTL5MG

https://shop.ingramspark.com/b/084?params=DuNTWS59IbkvSKtGFbCbEFdv3Zg0FaITUEvlK49yLzB

YESUS DI DEPAN PINTU:
40 Kisah yang Mengharukan dan Peringatan Terakhir Surga untuk Gereja-gereja MASA KINI

https://www.amazon.com/dp/B0FDX31L9F

https://shop.ingramspark.com/b/084?params=TpdA5j8WPvw83glJ12N1B3nf8LQte2a1lIEy32bHcGg

KEHIDUPAN PERJANJIAN: 40 Hari Menjalani Berkat Ulangan 28

- https://www.amazon.com/dp/B0FFJCLDB5

Kisah dari Orang Nyata, Ketaatan Nyata, dan Kenyataan Nyata

https://shop.ingramspark.com/b/084?params=bH3pzfz1zdCOLpbs7tZYJNYgGcYfU32VMz3J3a4e2Qt

Transformasi dalam lebih dari 20 bahasa

MENGENALNYA & MENGENALNYA:
40 Hari Menuju Penyembuhan, Pemahaman, dan Cinta Abadi

https://www.amazon.com/KNOWING-HER-HIM-Healing-Understanding-ebook/dp/B0FGC4V3D9

https://shop.ingramspark.com/b/084?params=vC6KCLoI7Nnum24BVmBtSme9i6k59p3oynaZOY4B9Rd

LENGKAPI, BUKAN BERSAING:
Perjalanan 40 Hari Menuju Tujuan, Persatuan, dan Kolaborasi

https://shop.ingramspark.com/b/084?params=5E4v1tHgeTqOOuEtfTYUzZDzLyXLee30cqYo0Ov9941

https://www.amazon.com/COMPLETE-NOT-COMPETE-Journey-Collaboration-ebook/dp/B0FGGL1XSQ/

KODE KESEHATAN ILAHI - 40 Kunci Harian untuk Mengaktifkan Penyembuhan Melalui Firman dan Ciptaan Tuhan Buka Kekuatan Penyembuhan dari Tumbuhan, Doa, dan Tindakan Kenabian

https://shop.ingramspark.com/b/084?params=xkZMrYcEHnrJDhe1wuHHYixZDViiArCeJ6PbNMTbTux

https://www.amazon.com/dp/B0FHJT42TK

Buku-buku lainnya dapat ditemukan di halaman penulis
https://www.amazon.com/stores/Ambassador-Monday-O.-Ogbe/author/B07MSBPFNX

www.ingramcontent.com/pod-product-compliance
Lightning Source LLC
LaVergne TN
LVHW040420051026
849517LV00002B/392
* 9 7 9 8 2 9 5 6 5 1 5 3 3 *